David Gooding

Mit Jesus unterwegs im Johannesevangelium

Wie Begegnungen mit dem Sohn Gottes Menschen verändern

DAVID GOODING

Mit *Jesus* unterwegs

im Johannesevangelium

Wie Begegnungen mit dem Sohn Gottes
Menschen verändern

David Gooding
Mit Jesus unterwegs im Johannesevangelium
Wie Begegnungen mit dem Sohn Gottes Menschen verändern

Best.-Nr. 271837
ISBN 978-3-86353-837-8
Christliche Verlagsgesellschaft Dillenburg

Titel des englischen Originals:
Journeys with Jesus
True Stories of Changed Destinies in John's Gospel
Edited by Joshua Fitzhugh

Wenn nicht anders angegeben, wurde folgende Bibelübersetzung verwendet:
Elberfelder Bibel 2006, © 2006 by SCM R. Brockhaus in der SCM Verlagsgruppe GmbH Witten/Holzgerlingen (ELB).
Außerdem wurden folgende Bibelübersetzungen verwendet: Neue evangelistische Übersetzung (NeÜ).

www.cv-dillenburg.de

Übersetzung: Hermann Grabe
Satz und Umschlaggestaltung: Christliche Verlagsgesellschaft Dillenburg
Umschlagmotiv: © canva/sparklestroke

Druck: GGP Media GmbH, Pößneck
Printed in Germany

Wenn Sie Rechtschreib- oder Zeichensetzungsfehler entdeckt haben, können Sie uns gerne kontaktieren: info@cv-dillenburg.de

Inhalt

Vorwort des Herausgebers 7
Einführung 11

1. Vom Vorurteil zum Glauben
Als Jesus Nathanael sah 13

2. Vom Wasser zum Wein
Von der puren Freude, dass Christus uns reinigt 27

3. Von der Theologie zur Gotteserkenntnis
Jesu Gespräch mit Nikodemus 43

4. Von Scheinfrömmigkeit zum wahren Messias
Von der Frau, die genau zuhörte, als Jesus mit ihr sprach . . 79

5. Von Angst zum Vertrauen
Das Gebet eines Vaters und der verzögerte Beweis 115

6. Vom Tod zur Hoffnung
Als Christus kam, um Lazarus aufzuwecken 131

7. Vom Vollbad zur Fußwaschung
Was Christus tut, wenn er uns reinigt 151

8. Vom Licht in die Finsternis
Judas verweigert die Freundschaft mit Jesus 169

9. Vom Scheitern zum fruchtbaren Dienst
Petrus' Qualifizierung zum Hirten des Gottesvolkes . . . 191

Nachwort: Von der Bereitwilligkeit zum Glauben
Eine Einladung an Unentschiedene 209
Bibelstellen-Index 215

Vorwort des Herausgebers

Unter den vielen Gaben, die David Gooding halfen, Gottes Wort wirkungsvoll weiterzugeben, ragte seine Fähigkeit, die biblischen Geschichten zu erzählen, besonders hervor. Einige kennen ihn auch wegen seiner wissenschaftlichen Arbeit an der griechischen Übersetzung des hebräischen Alten Testaments, der Septuaginta. Viele Bibelgelehrte schätzen seine Fähigkeit nachzuweisen, dass die Bibel äußerst sorgfältig geschrieben wurde: Ihre Schreiber selektierten und arrangierten ihre Berichte historischer Ereignisse so, dass sie die Absichten des Heiligen Geistes, der sie leitete, ganz deutlich zum Ausdruck brachten. Aber viel bekannter ist er als Prediger, den viele persönlich hörten, ein Dienst, der sich über viele Jahrzehnte erstreckte.

Wohl niemand, der Dr. Gooding jemals predigen hörte, wird von seiner Fähigkeit unbeeindruckt geblieben sein, wie er die biblischen Geschichten nachzuerzählen verstand. Er konnte die Hörer durch sein Erzählen so mitnehmen, dass sie den Eindruck hatten, damals dabei gewesen zu sein. Ob es sich dabei um Petrus handelte und wie ihm zumute war, als er beinahe ertrunken wäre, oder um Mose, wie er zwischen dem Volk und dem gerechten Zorn Gottes auf dem Sinai stand, oder um die Hochbetagten Abraham und Sara, wie sie am Lagerfeuer saßen und überlegten, wie sie Gott nachhelfen konnten, dass er ihnen sein Versprechen einlösen konnte. Er machte sich die Vorstellungskraft seiner Zuhörer zunutze, damit sie die Offenbarung Gottes auf den Seiten der Heiligen Schrift besser verstehen konnten.

Bei *Mit Jesus unterwegs im Johannesevangelium* hatten wir das gleiche Ziel im Auge. Die Kapitel wurden aus Mitschriften von

Dr. Goodings Predigten, Büchern und aus unveröffentlichten Manuskripten über das Johannesevangelium zusammengestellt. Kriterium für die Auswahl war, dass die Belehrung in erster Linie durch die Nacherzählung der Geschichte geschah, so wie Johannes sie berichtet hat. Einige regen die Vorstellungskraft der Leser mehr an als andere; manche gehen Vermutungen über Details nach, die nicht ausdrücklich im Bericht selbst erwähnt werden; und doch ist alles dem biblischen Gesamttext untergeordnet und führt uns dahin, uns auf die Ereignisse einzulassen, die da vor unseren Augen entfaltet werden.

Dieses Auswahlkriterium hilft auch zu verstehen, warum manche Schlüsselgeschichten des Johannesevangeliums nicht aufgenommen wurden. So wurde z. B. weder ein Kapitel über die Speisung der 5 000 verfasst, noch über die beim Ehebruch ertappte Frau aus Johannes 8, oder von der Heilung des Blindgeborenen in Johannes 9.

Dr. Gooding hat selbstverständlich auch hierüber unterrichtet; aber nicht immer im gleichen Stil, wie wir ihn bei Nathanaels Weg zum Glauben finden, oder bei der Unterhaltung mit der Frau am Brunnen. Jeder, der gern ein umfassenderes Buch seiner Lehre über das ganze Johannesevangelium haben möchte, darf sich freuen, weil wir gerade ein Buch darüber zur Veröffentlichung vorbereiten. In der Zwischenzeit kann eine am Ende des Buches angegebene Liste seiner Predigten und anderer Quellen über das Johannesevangelium kostenlos heruntergeladen werden.

Unter denen, die ihre Begabungen in dieses Projekt eingebracht haben, sollten zwei Personen besonders erwähnt werden. Durch ihre jahrelange Assistenz bei Dr. Gooding in seinem Dienst und durch ihre sorgfältige Übertragung und Herausgabe seiner Predigten, hat Frau Barbara Hamilton dieses Buch eigentlich erst möglich gemacht. Genauso wäre es nicht erschienen ohne die leise Ermutigung durch Prof. Arthur Williamson und ohne seine Arbeit hinter den Kulissen. Er hat seit langem darauf gedrängt, dass das Archiv, dem diese Kapitel entnommen wurden, aufgearbeitet, gesichert und der ganzen Welt zugänglich gemacht wird. Das wäre – so hat er oft gesagt – ein Tag guter Nachrichten und darum sollten wir nicht länger schweigen. Und wir alle in Myrtlefield House beten dafür, dass viele die Stimme Gottes vernehmen, der durch sein lebendiges Wort direkt zu ihnen spricht, sodass sie ihre Reise mit dem Herrn Jesus beginnen oder auch, gestärkt im Glauben, fortsetzen können.

Joshua Fitzhugh
Belfast, 2021

Einführung

Das Neue Testament ist ein Buch voll großartiger Vielfalt. Es enthält tiefgründige theologische Abhandlungen und geheimnisvolle apokalyptische Visionen neben ganz normalen historischen Berichten. Aber vielleicht ist das Charakteristikum, das die Menschen am meisten anspricht, dass dort einzelne Frauen und Männer beschrieben werden, die damals lebten, als unser Herr auf der Erde war.

Einige dieser Schilderungen sind sehr lang, manche dieser Personen werden im ganzen Neuen Testament nur einmal kurz erwähnt. Und doch sind diese Darstellungen so lebendig, dass wir den Eindruck haben, wir würden diese Menschen persönlich kennen. Wir spüren ihr Temperament, wir empfinden ihre Probleme nach und wir verstehen ihre geistlichen Schwierigkeiten so deutlich, als seien sie unsere Nachbarn von nebenan oder unsere besten Freunde.

In den vorliegenden Studien über das Johannesevangelium werden wir die geistliche Reise mancher dieser Leute mitverfolgen, ihren Hintergrund und ihre Probleme kennenlernen, ihre Reaktionen beobachten, wenn sie Jesus Christus zum ersten Mal begegnen und die Schritte verfolgen, durch die schließlich viele von ihnen zum persönlichen Glauben an ihn gekommen sind und die Errettung erlebt haben. Dabei werden wir manchmal innehalten, um uns zu vergewissern, dass wir wirklich verstanden haben, was dieses Evangelium uns zu sagen hat.

Denn immerhin geht es im Johannesevangelium um die Umkehr zu Christus, und wir haben die Hauptsache nicht verstanden, wenn uns nicht klar ist, dass wir es hier nicht nur mit unterhaltsamer Literatur oder interessanten intellektuellen Übungen zu tun haben, sondern dass wir dadurch zum persönlichen Glauben an Christus geführt werden. Und es kann sicher eine Hilfe für uns sein, uns in den Prozess hineinzudenken, wie andere Christus kennenlernten und zum Glauben kamen, um selbst zu ihm zu kommen oder darin zu wachsen, ihn besser kennenzulernen.

DIE ERSTE GESCHICHTE

Vom VORURTEIL *zum* GLAUBEN

Als Jesus
Nathanael sah

Am folgenden Tag wollte er nach Galiläa aufbrechen, und er findet Philippus, und Jesus spricht zu ihm: Folge mir nach!

Philippus aber war von Betsaida, aus der Stadt des Andreas und Petrus. Philippus findet Nathanael und spricht zu ihm: Wir haben den gefunden, von dem Mose in dem Gesetz geschrieben und die Propheten, Jesus, den Sohn des Josef, von Nazareth.

Und Nathanael sprach zu ihm: Kann aus Nazareth etwas Gutes kommen?

Philippus spricht zu ihm: Komm und sieh!

Jesus sah den Nathanael zu sich kommen und spricht von ihm: Siehe, wahrhaftig, ein Israelit, in dem kein Trug ist.

Nathanael spricht zu ihm: Woher kennst du mich?

Jesus antwortete und sprach zu ihm: Ehe Philippus dich rief, als du unter dem Feigenbaum warst, sah ich dich.

Nathanael antwortete und sprach: Rabbi, du bist der Sohn Gottes, du bist der König Israels.

Jesus antwortete und sprach zu ihm: Weil ich dir sagte: Ich sah dich unter dem Feigenbaum, glaubst du? Du wirst Größeres als dies sehen. Und er spricht zu ihm: Wahrlich, wahrlich, ich sage euch: Ihr werdet den Himmel geöffnet sehen und die Engel Gottes auf- und niedersteigen auf den Sohn des Menschen.

Johannes 1,43-51

Wie kommt man zu Christus?

Die Geschichte jeder Bekehrung zu Christus ist eine außerordentlich persönliche und vertrauliche Angelegenheit, die nicht nur den Verstand eines Menschen betrifft, sondern auch seinen Geist und seine Seele, seine Gefühle und seine Vorstellungskraft. Für einige ist die Bekehrung eine verhältnismäßig einfache Sache: Sie erkennen sich plötzlich als Sünder und dann entdecken sie, dass Christus und nur Christus die Antwort auf ihre Probleme hat, und in schlichter Buße und einfachem Glauben vertrauen sie auf Christus und sind errettet. Bei anderen vollzieht sich dieser Prozess keineswegs so einfach und direkt. Sie kommen zu Jesus durch ein Meer von Zweifeln, Schwierigkeiten, Problemen und nach vielen Vorurteilen. Nathanael war eine solche Person, und vielleicht hilft es uns, wenn wir versuchen, ihm durch den Wirrwarr von Gedanken und Gefühlen zu folgen, die er erlebte, als er zum Glauben kam.

Was war der erste Schritt?

Der erste Schritt, den Nathanael in Richtung Christus tat, bestand darin, dass er ganz ungehemmt seinem Zynismus und seinen Zweifeln freien Lauf ließ. „Kann aus Nazareth etwas Gutes kommen?“, fragte er, womit er Philippus mächtig vor den Kopf stieß, der ihm gerade begeistert das Evangelium verkündet hatte. Er drückte sich nicht gerade höflich aus und versuchte auch nicht, die Gefühle des angehenden Evangelisten zu schonen. Aber es war ein Schritt auf Christus zu, kein sehr positiver Schritt, möchte man meinen; aber es war immerhin ein Schritt. Jeder, der sich die Mühe macht, über Christus so lange nachzudenken, um zu erkennen, welche Ansprüche er erhebt, der hat bereits begonnen, auf Christus zuzugehen, selbst wenn er diese Ansprüche ablehnt. Vielleicht wenden sich solche sofort wieder ab; aber sie haben zumindest einen Schritt getan.

Das Problem ist doch, dass viele Menschen nicht einmal diesen ersten Schritt getan haben. Sie glauben nicht an Christus, doch wissen sie nicht einmal, weshalb sie nicht glauben. Sie haben nie ernsthaft darüber nachgedacht, was er gesagt hat. Solche Leute werden ganz klug behaupten, dass sie natürlich nicht akzeptieren können, dass Jesus der Sohn Gottes ist, weil das intellektuell unmöglich sei; doch werden sie gleich hinzufügen, dass sie ihn für einen guten Menschen halten. Dabei lassen sie völlig die Tatsache außer Acht, dass sie mit solchen Aussagen offenbaren, wie bemerkenswert wenig Intellekt sie eingesetzt haben, um über diesen Gegenstand überhaupt nachzudenken. Wenn ein Mensch behauptet, Gott zu sein, und es nicht ist, dann kann man ihn doch nicht einen guten Menschen nennen!

Seit Nathanael von Christus gehört hatte, hatte er zumindest ernsthaft darüber nachgedacht; aber die Ansprüche Christi schienen ihm viel zu unwahrscheinlich zu sein. Und er sprach das auch aus, vielleicht ganz scharf und mit einer guten Portion Sarkasmus in der Stimme. Es war ihm egal, wenn sich sein Freund etwas verletzt fühlen sollte. Wie Nathanael war auch Philippus in dem jahrhundertealten Glauben der Väter erzogen worden – mit all den feierlichen Ritualen, den gelehrten theologischen Diskussionen in den Rabbiner-Schulen, die von den besten Köpfen des Landes geleitet wurden. Philippus sollte es besser wissen, als sich von irgendeiner hinterwäldlerischen Sekte den Kopf verdrehen zu lassen.

Wenn er wenigstens einen neuen Glauben gefunden hätte, der zumindest in theologischer oder intellektueller Hinsicht respektabel gewesen wäre, dann wäre es nicht ganz so schlimm gewesen. Aber da muss man sich anhören, er hätte den Messias gefunden, einen gewissen Jesus, der ausgerechnet aus Nazareth stammt! Solch eine Vorstellung ist einfach lächerlich. Jeder, der auch nur über ein bisschen Bibelkenntnis verfügt, weiß doch, dass der Messias nach der Bibel aus Bethlehem kommt und nicht aus Nazareth. Natürlich kann man von den einfachen Leuten aus der Gegend von Nazareth nicht erwarten, dass sie über diese Dinge Bescheid wissen. Das ist nur ein hitzköpfiger, ungebildeter Haufen, dem man jeden Quatsch erzählen kann. Je fantastischer, umso leichter lassen sie sich davon beeindrucken. Aber Philippus?! Man kann sich´s nicht vorstellen, dass er auf so etwas reinfällt und auch noch so begeistert davon ist. „Philippus! Wach auf!", sagte Nathanael. „Ist es überhaupt denkbar, dass aus Nazareth irgendetwas Gutes kommen könnte?"

Der Enthusiasmus des Philippus

Es lässt sich nicht leugnen, dass Philippus nicht besonders taktvoll auf Nathanael zugegangen war. Zunächst einmal hatte unser Herr zwar einige Jahre in Nazareth gewohnt, sodass es natürlich ganz korrekt war, von ihm als „Jesus von Nazareth" zu sprechen; aber er wurde dort nicht geboren, sondern in Bethlehem, genauso wie es der Prophet Micha vorausgesagt hatte (Mi 5,2). Philippus dürfte bewusst gewesen sein, dass Nathanael es sehr genau nahm, und dass es nicht sehr sinnvoll war, es ihm intellektuell unnötig schwierig zu machen, indem er sich so locker und ungenau ausdrückte.

Außerdem war Philippus offensichtlich sehr aufgewühlt, und er hätte eigentlich wissen müssen, dass er Nathanael mit nichts misstrauischer hätte machen können als mit Aufregung und Enthusiasmus in religiösen Angelegenheiten. So etwas passte einfach nicht zu Nathanaels Temperament und in seine Denkmuster. Religion war für ihn etwas Feierliches und Würdiges mit altehrwürdigen Gesängen und schwermütigen Klängen. Außerdem war Gott für ihn allmächtig, in weiter Ferne, verborgen und Ehrfurcht gebietend in seiner Größe und Heiligkeit. Allein der Gedanke an ihn machte einen Menschen ernsthaft und unterwürfig. Auch der Messias erschien ihm als kosmische Gestalt – so hatte man es ihm beigebracht zu glauben: Wenn er einmal kommen würde, käme er in den Wolken des Himmels. Und hier behauptete Philippus nun nicht nur, dass er bereits gekommen sei, sondern sprach von ihm als von jemand, den er persönlich kannte, als sei er sein nächster Nachbar!

Natürlich war Philippus aufgeregt; aber wie könnte ein Mensch, der eine Erfahrung wie die, die Philippus gerade gemacht hatte, nicht aufgeregt sein? Manche Leute würden am liebsten die ganze Stadt rot anmalen, nur weil sie eine dreiviertel Million in der Lotterie gewonnen haben, und niemand würde ihre Aufregung für eigenartig halten. Doch hier behauptete Philippus, dass er das Geheimnis der Geschichte entdeckt hat, den Sinn des Lebens, die Bedeutung der Welt, das, wozu die Menschheit erschaffen wurde! Hören Sie doch nur, wie er in Nathanaels Privatsphäre in seinem schattigen Garten hineinplatzt: „Wir haben den gefunden, von dem Mose in dem Gesetz geschrieben hat und die Propheten: Jesus, den Sohn des Josef, von Nazareth." Ob erregt oder nicht, immerhin sprach Philippus hier nicht über eine kleine private Vision, die er sich gerade selbst ausgedacht hatte. Er behauptete, jene kosmische Gestalt gefunden zu haben, von der der größte Gesetzgeber Israels und alle die Propheten jahrhundertelang immer wieder geweissagt hatten.

Nathanaels Vorstellung von Wahrheit

Nun, als guter Jude glaubte Nathanael das alles. Das Verstörende bei der Rede des Philippus bestand darin, dass dieser Retter der Welt bereits gekommen war, und noch dazu, dass Philippus sich absolut sicher war, ihn gefunden zu haben. Das klang alles allzu gewiss. Wie viele andere auch, zog es Nathanael vor, in Sachen Religion lieber hoffnungsvoll unterwegs zu sein, anstatt anzukommen. Hätte sich Philippus damit begnügt, ihm zu erzählen, er glaube, dass Gott eines Tages die Welt wieder in Ordnung bringen werde, wäre Nathanael sofort einverstanden gewesen. Er hätte vielleicht geantwortet, dass er diese tiefe Überzeugung teile, dass Gott eines Tages alles sogar noch besser machen werde – höchstwahrscheinlich. Oder dass er es zumindest nicht für unvernünftig hielt, darauf zu hoffen, dass er dies tun könnte. Doch ihm, dem Nathanael, zu erzählen, der Retter der Welt sei bereits gekommen und man könne ihm persönlich begegnen, das fand er nicht sehr attraktiv. Außerdem würde ihm dies jenes angenehme Gefühl der Freiheit nehmen, es würde den eigenen Handlungsspielraum ziemlich einschränken. Grundsätzlich machte ihm ein solches Gerede nicht so viel aus, solange man, wenn die Sache dann zu ungemütlich wurde, darauf antworten konnte, dass man natürlich nichts Genaues darüber sagen kann.

Aber wie genau sprach Philippus darüber? Die ganze Angelegenheit klang so direkt und persönlich: „Wir haben *ihn* gefunden“, sagte er. Vage um das Kommen des Reiches Gottes zu bitten, warum nicht? Da gibt es viele anständige Männer und Frauen, die das nur allzu gern tun. Und wenn es darum ginge, das Kommen des Reiches Gottes zu fördern, indem man sich bei einem Zehn-Jahres-Plan auf dem Agrarsektor engagiert, oder wenn man sich für eine öffentliche Kampagne einsetzt, um ein Gesetz gegen Kinderpornografie durchs Parlament zu bringen, dem würden sich alle rechtschaffenen Menschen anschließen. Aber mit jemandem konfrontiert zu werden, der von sich behauptet, der göttliche König selbst zu sein, und der auf einer Begegnung unter vier Augen besteht, das wäre völlig irritierend. Wer weiß, welche persönlichen Ansprüche er stellen würde, wie tief die Eingriffe in die Privatsphäre und Unabhängigkeit gehen würden.

Was hier ablief, war ja bereits ein Beispiel dafür. Und so saß er da und versuchte, alles für eine Weile zu vergessen im Schatten des Feigenbaumes in seinem eigenen Garten. Saß da und genoss den Frieden und die Abgeschiedenheit von all dem. Und da stürmt Philippus herein und zerstört diese Ruhe – nicht nur die des Gartens, sondern auch seines Denkens und seines Gewissens –, und konfrontiert ihn mit der unangenehmen Vorstellung, der Retter der Welt stehe draußen auf der Straße, und er, Nathanael, sei eingeladen, ihm persönlich zu begegnen.

Klar, er konnte sich weigern, ihn zu treffen und konnte in der Stille seines Gartens bleiben; aber instinktiv fühlte er, dass es dann um seine Ruhe geschehen wäre. Sein Gewissen würde ihn bearbeiten und alle möglichen Gedanken und Gefühle durch seinen Kopf und sein Herz jagen. Ihm war natürlich klar, dass dieser Jesus ein Schwindler sein musste; da gab es keinen Zweifel. Allerdings war er ihm persönlich noch nicht begegnet, auch wusste er kaum etwas über ihn. Wieso er sich so sicher war, dass er ein Betrüger sein muss, ohne irgendetwas Genaues über ihn zu wissen, war gar nicht so einfach zu erklären, besonders dann, wenn er sich nicht vorwerfen lassen wollte, voreingenommen und ignorant zu sein.

Außerdem war da noch etwas anderes. Natürlich war es angenehm, unter dem eigenen Weinstock und unter dem eigenen Feigenbaum zu sitzen, so wie es der Prophet Micha formuliert hatte (Mi 4,4). Angemessene politische Freiheit zu genießen, genug zu haben, um gut zu leben, und dann noch etwas Zeit für die kulturelle Seite des Lebens übrig zu haben, sodass man im eigenen Garten im Schatten eines alten Feigenbaums sitzen und das Leben ein wenig genießen konnte – das war nach jüdischem Verständnis ein gottgegebenes Geburtsrecht eines jeden. Und Nathanael hatte es dahin geschafft (obwohl Unzählige es nicht erreicht hatten). Er hatte sein eigenes Plätzchen, und das Leben war eigentlich ganz erträglich und auch interessant. Aber so nett das alles auch war, immer wieder kam der Gedanke auf: Ist das alles? Ist dies alles, worum es im Leben geht? Ein eigenes Haus zu besitzen, eine Frau und nette Kinder zu haben, und dann so viel zu besitzen, um sich zurückziehen zu können, um das zu tun, was man eigentlich immer schon tun wollte, und um dann zu … na ja, und danach …? Natürlich konnte man nicht ewig leben; aber war dies wirklich schon alles? Und was ist mit den Millionen, die es niemals so weit bringen, für die das Leben nur ein Sklavendienst im Gefängnis von Armut und Krankheit ist? Bedeutet die Verheißung eines Erlösers am Ende nichts weiter, als dass die Reichen unter ihren Feigenbäumen und die Armen in den Arbeitslagern sitzen, bis dass der Tod am Ende beide dahinrafft? Wenn auch nur das kleinste Körnchen Wahrheit in dem steckte, was Philippus erzählt hatte, dann war es schließlich eine genauere Untersuchung wert.

Als Philippus auf seine Frage „Kann aus Nazareth etwas Gutes kommen?" einfach sagte: „Komm und sieh!", stand Nathanael schließlich auf. Und so ging er hin, um Jesus persönlich zu treffen.

Von Angesicht zu Angesicht mit Jesus

Um ehrlich zu sein, fühlte er sich ein bisschen hilflos, als er den Schatten seines Feigenbaumes verließ, um auf offener Straße dieser Person entgegenzugehen. Auf was ließ er sich da ein? Warum hatte er sich überhaupt auf den Weg gemacht? Warum hatte er sich nicht hinter seinen Zweifeln versteckt? Seine Zweifel waren doch in Ordnung – solide, vernünftig, schwerwiegend und respektabel genug, um sich dahinter zu verstecken. Was hatte er sich da bloß eingebrockt? Aber nun war es zu spät umzukehren; denn vor ihm stand jetzt Jesus.

Und Jesus eröffnete das Gespräch: „Siehe, wahrhaftig, ein Israelit, in dem kein Trug ist", sagte er, „nicht einer wie der alte Jakob, voller List und Betrug. Du sagst genau das, was du denkst, nicht wahr? Du bist durch und durch ehrlich!"

„Rabbi", sagte Nathanael höflich, „mir ist nicht bewusst, dass wir uns schon mal begegnet sind. Woher kennst du mich?"

„Das stimmt natürlich", sagte darauf Christus. „Aber ich sah dich, bevor Philippus dich rief, unter deinem Feigenbaum sitzen".

Was daraufhin geschah, ist schwer zu beschreiben. Für Nathanael war es, als öffnete sich eine Tür – als stände er im Wasser, das ihm zunächst bis an die Fußknöchel reichte und dann schon im nächsten Augenblick seine Achselhöhlen umspülte. Er hatte es stets als Glaubensgrundsatz und eigentlich als philosophische Denkvoraussetzung gehalten, dass Gott allwissend ist – wenn es wirklich einen Gott gibt. Aber niemals war ihm wirklich klar gewesen, was *das* tatsächlich beinhaltete. Dann gab es einfach nirgendwo eine Privatsphäre. Kein Ort, an dem man dann ganz für sich war, nicht einmal in seinem eigenen Garten und unter seinem eigenen Feigenbaum. Nirgends war man für sich allein, nicht einmal bei den geheimsten Gedanken oder Zweifeln. Nichts als ein alles sehender, alles durchdringender Gott, überall und zu jeder Zeit?

Was geschah hier? Hatte sich plötzlich der Himmel geöffnet, und war er entdeckt worden? So, wie man ein Insekt entdeckt, wenn man einen Stein wegnimmt, unter dem es sich versteckt hielt? Nein. Soweit er sehen konnte, war der Himmel immer noch derselbe. Es war Jesus, der vor Nathanael stand und der die Allwissenheit Gottes ganz persönlich und individuell auf Nathanael richtete. Und seltsamerweise fühlte er sich keineswegs gedemütigt oder eingeschüchtert. Es war eher eine große Erleichterung als er merkte, dass er gesehen wurde, ganz persönlich erkannt war, und dass nichts verborgen war und auch nichts zu verbergen war. Seine Zweifel und der Sarkasmus, mit dem er sie geäußert hatte: alles war bekannt und als ehrlicher Ausdruck dessen akzeptiert, was er tatsächlich zu der Zeit empfunden hatte. Aber noch wichtiger war ihm jetzt, dass er als Mensch hinter diesen Zweifeln erkannt und angenommen war. Der Gott, der alles über ihn wusste, hatte ihn trotzdem angenommen, und das sogar ohne ein tadelndes Wort. Er musste gar nicht versuchen, irgendetwas zu verbergen, musste keinen seiner Zweifel zurückhalten. Und es war eigenartig: jetzt, wo er überhaupt nicht mehr die Notwendigkeit verspürte, sich zu verstecken, waren auch seine Zweifel verschwunden. Er brauchte sie auch gar nicht mehr, hatte kaum bemerkt, dass sie verschwunden waren. Seltsam! Das hatte er bisher noch nie so empfunden. Was war geschehen? Er war zu Christus gekommen, und was er nie zu träumen gewagt hatte, das hatte er plötzlich gefunden, ohne langes Argumentieren!

Aber *was* hatte er gefunden? Nun, es muss Gott gewesen sein. Denn das hatte Philippus gemeint, als er sagte: „Wir haben *ihn* gefunden!“ Das war also weder Einbildung noch Arroganz; es war eine Tatsache. „Ich muss ihn ebenfalls gefunden haben“, sagte Nathanael zu sich selbst. „Nur“, so mag er zu Christus gesagt haben, „wenn du mich gerettet hast, ist es wohl eher so, dass du mich auch gefunden hast“.[1]

Das alles und vielleicht noch viel mehr mag Nathanael durch den Kopf gegangen sein, obwohl nur eine oder zwei Sekunden vergangen waren, dass Jesus gesprochen hatte. Es gab aber keinen Zweifel mehr darüber, was er darauf zu antworten hatte. Entschlossen und ohne den geringsten Zweifel antwortete er: „Rabbi, du bist der Sohn Gottes, du bist der König Israels.“

Und Christus wird ihm gesagt haben, dass er noch nicht mal den millionsten Teil dessen begriffen hat von dem, was er da eben ausgesprochen hat: „Du wirst eines Tages die Himmel geöffnet sehen und die Engel Gottes werden hinauf- und herabsteigen auf den Sohn des Menschen.“

Nur wenige Stunden zuvor hätte Nathanael eine solche Bemerkung arge Kopfschmerzen bereitet. Stellen Sie sich vor, Sie hätten kein Versteck mehr und müssten, ob Sie wollten oder nicht, nach oben schauen und der unendlichen Heiligkeit in die

---

1 A. d. V.: Im Vorwort (S. 7) wird darauf hingewiesen, dass der Autor eine besondere Gabe hatte, die biblischen Geschichten plastisch nachzuerzählen. Das führt dazu, dass er sich dabei gewisse Freiheiten genommen hat, den Text auch in der wörtlichen Rede umzuformulieren und zu ergänzen, um ihn so lebendig werden zu lassen.

Augen blicken. Stellen Sie sich vor, Sie müssten das völlig unvorbereitet und unversöhnt tun, wobei das Gewissen Zeugnis über alle unvergebene Sünde ablegt. Und all das ohne einen einzigen Zweifel, der stark genug wäre, um Sie vor den alles erforschenden Augen zu verbergen. Der bloße Gedanke daran hätte Nathanael vor Schrecken vergehen lassen. Doch das war nicht das, was er jetzt empfand. Da war nur ein großes Staunen und eine neue Hoffnung - ein ganz neuer Lebenssinn. Er war zu Christus gekommen. Er war mit Gott versöhnt. Er brauchte nichts zu verbergen. Es gab nichts mehr, von dem er fürchtete, es könnte eines Tages entdeckt werden. Alles war offenbar und vergeben. Und außerdem kam jetzt etwas Neues und noch Größeres hinzu: eine Zukunft, die dem Leben Sinn verlieh, eine Zukunft für die Welt, eine Zukunft für Nathanael. Mochten die Himmel doch hier und jetzt aufreißen! Er konnte es kaum erwarten! Doch auch sein Garten mit dem Feigenbaum war immer noch recht angenehm, auch wenn er ihm jetzt irgendwie ein wenig unbedeutender vorkam.

DIE ZWEITE GESCHICHTE

Vom WASSER *zum* WEIN

Von der puren Freude,
dass Christus uns reinigt

Und am dritten Tag war eine Hochzeit zu Kana in Galiläa; und die Mutter Jesu war dort. Es war aber auch Jesus mit seinen Jüngern zu der Hochzeit eingeladen. Und als es an Wein mangelte, spricht die Mutter Jesu zu ihm: Sie haben keinen Wein.

Jesus spricht zu ihr: Was habe ich mit dir zu schaffen, Frau? Meine Stunde ist noch nicht gekommen.

Seine Mutter spricht zu den Dienern: Was er euch sagen mag, tut!

Es waren aber sechs steinerne Wasserkrüge dort aufgestellt nach der Reinigungssitte der Juden, wovon jeder zwei oder drei Maß fasste.

Jesus spricht zu ihnen: Füllt die Wasserkrüge mit Wasser! Und sie füllten sie bis obenan.

Und er spricht zu ihnen: Schöpft nun und bringt es dem Speisemeister! Und sie brachten es.

Als aber der Speisemeister das Wasser gekostet hatte, das Wein geworden war – und er wusste nicht, woher er war, die Diener aber, die das Wasser geschöpft hatten, wussten es –, ruft der Speisemeister den Bräutigam und spricht zu ihm: Jeder Mensch setzt zuerst den guten Wein vor, und wenn sie betrunken geworden sind, dann den geringeren; du hast den guten Wein bis jetzt aufbewahrt.

Diesen Anfang der Zeichen machte Jesus zu Kana in Galiläa und offenbarte seine Herrlichkeit; und seine Jünger glaubten an ihn.

Johannes 2,1-11

Die Wahrheit über Wunder

Die Geschichte von der Wandlung von Wasser in Wein bei der Hochzeit in Galiläa ist ganz offensichtlich der Bericht eines Wunders. Es ist tatsächlich eines aus einer Reihe von Wundern oder „Zeichen“, die Johannes mit der Absicht erzählt, uns davon zu überzeugen, „dass Jesus der Christus ist, der Sohn Gottes, und damit wir durch den Glauben Leben haben in seinem Namen“ (20,31). In diesem Sinn richtet sich diese Geschichte an uns, die Leser des Johannesevangeliums, und lädt darum jeden ein, sich selbst ein Bild von Jesus zu machen.

Dann werden sofort einige protestieren, sie könnten nicht an Wunder glauben, und daher sei es überhaupt zwecklos, weiterzulesen. Darum müssen wir hier zunächst einhalten und die Gründe überprüfen, warum sie nicht an Wunder glauben können. Wenn uns klar wird, dass wir das ernst nehmen können, was uns dieses erste Zeichen sagen will, dann sind wir besser darauf vorbereitet, auch auf das zu hören, was uns Johannes sonst noch sagen will, sei es durch Wunder oder auf andere Weise.

Einwände gegen Wunder im Allgemeinen

Erstens sagen einige Leute, es sei unwissenschaftlich und darum intellektuell unredlich, an Wunder zu glauben. Weiter sagen sie: Die Naturgesetze, nach denen unser Universum funktioniert, sind völlig unabänderlich, und weil Wunder gegen diese Naturgesetze verstoßen, können sie zwangsläufig auch nicht geschehen. Wenn sie das sagen, scheinen sie jedoch zu übersehen, was Naturgesetze eigentlich sind und wer sie gemacht hat. Immerhin sind Naturgesetze nicht irgendetwas, was wir am Himmel geschrieben finden. Naturgesetze sind nichts als von Menschen formulierte Beschreibungen dessen, was – soweit sie sehen können – normalerweise abläuft. Sie leiten die Beschreibungen dieser normalen Abläufe so gut es geht vom Studium dessen ab, was passiert.

Aber was ist passiert und was geschah in all den vergangenen Jahrhunderten? Das kann man nicht dadurch entscheiden, indem man sich auf dieses und jenes Gesetz beruft, sondern einzig, indem man die vorhandenen Beweise untersucht. Und da gibt es jede Menge von Beweisen für geschehene Wunder. Zum Beispiel sind die Beweise für die Auferstehung von Jesus Christus überwältigend. Wenn also ein Wissenschaftler oder Philosoph bereit ist, diese Beweise zusammen mit den Beweisen für all das, was man für „normale" Geschehnisse hält, zu prüfen, dann wird er zu dem Ergebnis kommen, dass Wunder zwar nichts Normales sind, sich aber trotzdem dann und wann ereignen. Falls er allerdings nicht bereit ist, die Beweise für geschehene Wunder anzuerkennen, sondern sich willkürlich darauf beschränkt, nur normale Geschehnisse zu untersuchen, dann wird er natürlich zu dem Gesetz gelangen, dass Wunder nicht geschehen können. Aber sein Gesetz wird nicht gültig sein, weil die Beweise dafür verzerrt wurden und unvollständig sind. Und wenn er noch weiter geht und sagt, Wunder könnten prinzipiell nicht geschehen, so handelt er nicht wissenschaftlich, sondern verhindert vorsätzlich, dass die Tatsachen ans Licht kommen.

Einwände gegen dieses spezielle Wunder

Aber nehmen wir an, jemand würde sagen, dass es theoretisch möglich sei, dass hin und wieder Wunder geschehen, welchen Beweis hätten wir dann, dass speziell dieses Wunder, wo Wasser in Wein verwandelt wurde, tatsächlich geschehen ist? Die Antwort ist: Wir haben sehr starke Beweise. Erstens haben wir den Charakter des Autors Johannes, der uns dieses Wunder berichtet hat. Was immer wir von einem christlichen Apostel halten mögen – dass er dumm oder verführt war –, so wäre es doch eine befremdliche, ja, eigentlich unmögliche Einschätzung seines Charakters, ihn für einen vorsätzlichen Lügner zu halten. Johannes war einer der Jünger Christi und er sagt ausdrücklich, dass die anderen Jünger anwesend waren, als das Wunder geschah. Und zweitens steht hinter Johannes und seinem Bericht Jesus Christus selbst. Er wählte in voller Absicht Johannes und die anderen Jünger aus, damit sie seine Taten bezeugen und aufzeichnen.

Aber es gibt auch noch einen anderen Ansatz, mit dessen Hilfe wir zu einer Entscheidung über die Wahrheit dieser Geschichte kommen können. Die Geschichte bietet eine Diagnose für eine grundlegende geistliche Krankheit der Menschheit. Und wir können ganz zuverlässig beurteilen, ob diese Diagnose richtig ist. Sie bietet ebenso Christi Heilung für diese Krankheit an. Es bleibt uns überlassen, dieses Heilmittel auszuprobieren und seine Wirkung festzustellen. Es gibt keine sicherere Methode, uns von der Möglichkeit eines Wunders zu überzeugen, als es selbst zu erfahren. Das Wunder, Wasser in Wein zu verwandeln, war nicht nur ein Akt übernatürlicher Kraft; es war gleichzeitig ein vorgeführtes Gleichnis. Wir können das leichter erkennen, wenn wir zunächst ein anderes Wunder anschauen, das uns in Kapitel 6 berichtet wird. Da hatte Christus auf wunderbare Weise Brote und Fische vermehrt, um dann dieses materielle Wunder als Lehrgegenstand zu benutzen, um seiner Zuhörerschaft und auch uns heute klarzumachen, dass alle Menschen geistlichen Hunger leiden und dass Christus als das Brot des Lebens in der Lage ist, diesen Hunger zu stillen. Das Gleiche gilt für die Hochzeit zu Kana in Galiläa.

Wenn der Wein ausgeht

Bei dieser Hochzeit fehlte es an Wein. Aber auch bei vielen Hochzeiten unserer Tage geht der Wein aus; nicht der buchstäbliche Wein, der ist nur da, um dem freudigen Anlass Ausdruck zu verleihen. Der wahre Wein, der bei einer Hochzeit gefeiert wird, ist die Freude an der ehelichen Beziehung.

Wir gäben uns kindlichen Fantasien hin, würden wir annehmen, dass jede Hochzeit bedeutete, „von nun an lebten sie glücklich und zufrieden bis ans Ende ihrer Tage". Die harte Realität ist, dass bei vielen Ehen die Freude schnell am Ende ist, und allzu viele zerbrechen sogar. Das gilt nicht nur für Ehen, sondern auch für andere Beziehungen: Teenager sind ihrer Eltern überdrüssig, und Eltern werden von ihren Teenagern enttäuscht oder es bricht ihnen das Herz über den Problemen. Arbeitgeber ärgern sich über ihre Arbeitnehmer, und Arbeitnehmer verlieren die Geduld und das Vertrauen in ihre Chefs. Man jagt großen Zielen nach, nur um dann festzustellen, dass die Befriedigung aus all dem nicht lange anhält. Junge Menschen, vom Wohlstand verwöhnt, verlangen bereits vor ihrem zwanzigsten Lebensjahr alles zu erleben, was das Leben zu bieten hat; doch merken sie sehr bald, dass sie den Spaß an allem verlieren. Sie sind gelangweilt und enttäuscht und des Lebens überdrüssig.

Warum geht die Freude verloren?
Ja, der Wein geht immer wieder aus. Aber warum? Wir könnten den Grund herausfinden, wenn wir die Mittel anschauen, die Christus benutzt, um sein Wunder zu vollbringen. Er hat den Wein ja nicht aus dem Nichts hervorgebracht. Er vermehrte den Wein auch nicht in den Gläsern der Gäste, sodass diese sich sogleich wieder füllten, wenn sie leergetrunken waren. Nein, er wies die Diener an, einige Wasserkrüge mit Wasser zu füllen, und dann verwandelte er dieses Wasser in Wein. An sich sollten diese Krüge Wasser zur Reinigung enthalten, eine religiöse Pflicht, die den Menschen damals auferlegt war. Und weil sie brave Leute waren, haben sie zweifellos auch einige dieser religiösen Zeremonien bei der Hochzeit ausgeführt; aber einen Augenblick später war das alles vergessen. Jetzt ging es nur noch um den Spaß. Christus benutzte diese „heiligen" Wasserkrüge als Mittel zur Erneuerung der Festfreude. Ganz unauffällig, aber wirksam erteilte er ihnen und auch uns eine anschauliche Lektion, die uns ihre eigene Predigt hält, auf die wir später noch zurückkommen.

Ich möchte deutlich machen, worauf es hier ankommt. Nehmen wir einmal an, eine Frau hätte eine Tochter, deren Gesicht voll Entzündungen ist. Sie holt den Arzt, damit er schaut, was dem Kind fehlt. Dieser steht wortlos auf und holt den Brotkorb, nimmt den Deckel ab und stellt den Korb auf den Fußboden. Als die Mutter hineinblickt, sieht sie voller Schrecken, dass das Brot vor Maden wimmelt! Der Korb wurde schon lange Zeit nicht mehr gereinigt. Der Arzt braucht überhaupt nichts zu sagen, bloß den verdreckten Brotkorb in die Mitte zu stellen. So stellt er ohne Worte eine vielsagende Diagnose des vorhandenen Übels und legt seinen Finger auf die Ursache der Krankheit des Mädchens.

Die Heilung, die Christus anbietet

So machte es Christus auch mit diesen Wasserkrügen. Sie waren da zum Zweck der Reinigung, nicht nur aus Hygienegründen – es ging in erster Linie um eine religiöse Reinigung. Da die Hochzeit mittlerweile in vollem Gang war, hätte man sie einfach übersehen. Hinzu kam, dass sie leer waren. Und Christus beginnt nun damit, sie in den Vordergrund zu rücken und befiehlt, sie zu füllen. Damit bietet er uns – um in der Sprache dieses Gleichnisses zu sprechen – seine Diagnose für unsere Not an. Wir sind unrein. Unsere persönliche Hygiene mag perfekt sein; aber in geistlicher Hinsicht und in den Augen Gottes sind wir weit davon entfernt, rein zu sein.

Wir denken natürlich gern, dass wir anständig sind. Wir lästern ja nicht oder Ähnliches. Wir gehen sogar ab und zu in den Gottesdienst – besonders bei Hochzeiten oder Beerdigungen und manchmal sogar an Sonntagen, obwohl wir es gar nicht müssten. Aber wenn wir ehrlich sind, lassen wir Gott beim Rest unseres Lebens oft draußen vor der Tür stehen. Vielleicht verbeugen wir uns an Feiertagen aus der Ferne in aller Höflichkeit vor ihm, aber wir würden niemals auf die Idee kommen, ihn zum Mittelpunkt unseres Lebens und unseres Herzens zu machen. Man stelle sich nur einmal vor, dass auf einer Hochzeitsfeier ein Gast aufsteht und davon erzählt, dass das Geheimnis anhaltender Freude darin liegt, Christus persönlich als Retter anzunehmen. Und dann würde er diese Sache noch unterstreichen, indem er von seiner eigenen Bekehrung zu Christus erzählt. Wie viele von den Eltern und Gästen würden ihm bis zum Ende zuhören, ohne peinlich berührt und verärgert zu sein? Er könnte sicher sein, dass man ihm hinterher sagen wird, dass der Gottesdienst der Ort ist, an dem man über solche Dinge spricht – wenn überhaupt –, und dass er kein Recht hätte, den Menschen bei einer Hochzeit den Spaß zu verderben, indem er Gott und den Glauben ins Spiel bringt.

Und dann wundern wir uns, wenn das Leben bitter wird und die Freude nicht anhält! Aber wie sollte es anders kommen, wenn wir den Allmächtigen auf solche Weise behandeln? Er hat uns erschaffen; er hat uns alles Schöne und alles das geschenkt, was uns Freude gibt – und wir halten ihn auf Distanz und schneiden uns so von jeder echten Beziehung und Gemeinschaft mit ihm ab. Denn es ist äußerst falsch anzunehmen, dass Gott mit uns zufrieden ist, solange wie wir uns nur nett und höflich benehmen. Was würden wir von einem jungen Mann halten, der seit Beginn seiner Ehe immer höflich zu seiner Frau ist – immer aufsteht und ihr seinen Stuhl anbietet, wenn sie den Raum betritt und ihr stets die Tür öffnet, wenn sie hinausgehen will – der sie aber niemals von Herzen und mit seiner ganzen Seele, mit seinem ganzen Denken und aller Kraft innig liebt?

Wäre eine solche reine Höflichkeit nicht eine bloße Karikatur von wahrer Beziehung? Und Gott, unser Schöpfer, der uns tausendfache Beweise seiner Liebe gegeben hat, wird er sich durch bloßen höflichen Anstand abspeisen lassen? Er erwartet von uns, dass wir ihn mit ganzem Herzen, mit ganzem Verstand, ganzer Seele und ganzer Kraft lieben, und er betrachtet unser Versagen, ihn so zu lieben, als unsere schwerste Sünde und als die Quelle aller weiteren.

Was kostet das?

Einige werden allerdings sagen: „Man kann sich selbst nicht dazu zwingen, Gott zu lieben. Wenn du ihn nicht liebst, dann liebst du ihn eben nicht, und weiter gibt es dazu nichts zu sagen." Leider stimmt das nur allzu sehr. Sünde und Selbstsucht haben nicht nur unsere Herzen verunreinigt, sondern sie regelrecht zugrunde gerichtet; und die Tatsache, dass wir unseren Schöpfer nicht mehr lieben als irgendjemand oder irgendetwas sonst, ist ein Hinweis darauf, wie sehr die Dinge schiefgelaufen sind. Kann das jemals wieder in Ordnung gebracht werden? Ja. Mit allem Nachdruck: ja! Aber dafür ist ein Wunder nötig, und Christus versucht nicht, das vor uns zu verbergen. Ganz im Gegenteil. Tatsächlich sagt er uns frei heraus, dass auch das Beste, was wir von uns aus für eine moralische Verbesserung tun könnten, völlig unzureichend wäre. Wir brauchen das Wunder der Wiedergeburt, das der Heilige Geist in uns bewirkt – durch Vergebung, Reinigung, Erleuchtung und Kräftigung. Vor allem aber bringt er uns mit Gott ins Reine, sodass die Quellen unseres Denkens und Handelns und unsere Beziehungen gereinigt werden und uns eine neue Lebensqualität verliehen wird. Das ist in der Tat ein Wunder; kein physikalisches, bei dem Wasser in Wein verwandelt wird, sondern ein geistliches Wunder, von dem Christus sprach, als er sagte:

> „Wahrlich, wahrlich, ich sage dir: Wenn jemand nicht aus Wasser und Geist geboren wird, kann er nicht in das Reich Gottes hineingehen. Was aus dem Fleisch geboren ist, ist Fleisch, und was aus dem Geist geboren ist, ist Geist. Wundere dich nicht, dass ich dir sagte: Ihr müsst von Neuem geboren werden." (Joh 3,5-7)

Aus Wasser und Geist geboren werden – was bedeutet das? Wir werden über diese Verse in ihrem Kontext im nächsten Kapitel nachdenken; aber hier haben wir zunächst eine Illustration, die uns weiterhilft.

Die Wasserkrüge, die Christus bei seinem Wunder benutzte, um Wasser in Wein zu verwandeln, fassten jeweils rund 100 Liter. Und es waren sechs Stück. Alles in allem waren es ungefähr 600 Liter. Da muss es in der Nähe eine Menge Wasser gegeben haben. Und dann war außerdem zu bedenken, dass es nur für eine Art religiöser Reinigung benutzt wurde. Darüber hinaus war das Ganze eine ziemlich kalte Angelegenheit, die wenig Freude bereitete, und was noch schlimmer war: Trotz der großen Menge half es nur wenig.

Mehr als nur mit Wasser waschen

Welche Hilfe oder gar Freude können religiöse Zeremonien und zeremonielles Wasser uns geben? Denn die eigentliche menschliche Not, über die wir hier sprechen, ist außerordentlich groß. Unser Problem besteht darin, dass uns der Wein der Lebensfreude ausgeht, weil die Beziehungen unter den Menschen schwierig und voller Bitterkeit sind, und all das kommt von tief in uns liegenden Eigenschaften wie Selbstsucht, Zorn, Eifersucht, Neid, Grausamkeit, Undankbarkeit, Feigheit und Stolz und vor allem, weil unsere Sünde die Beziehungen zu Gott zerbrochen hat. Was könnte Wasser da ausrichten? Sehr wenig oder gar nichts.

Es stimmt, dass das Alte Testament von zeremoniellen Waschungen mit Wasser spricht. Und das Neue Testament fordert die Menschen auf, sobald sie Christus angenommen haben, sich in Wasser taufen zu lassen. Aber weder das eine noch das andere beansprucht, dieses Wasser hätte irgendetwas mit der Ursache unserer geistlichen Probleme zu tun. Die Waschungen im Alten Testament reinigten die Haut von zeremonieller Verunreinigung, die durch die Berührung eines Toten oder etwas Ähnlichem entstanden war. Aber unsere geistliche Unreinheit geht viel tiefer, und kein Wasser kann sie erreichen. Denn dabei geht es nicht um das, was die Haut eines Menschen berührt oder was in seinen Magen gelangt und ihn verunreinigt; es handelt sich um das, was aus seinem verdorbenen und sündigen Herzen hervorkommt (Mk 7,18-23).

Auch die christliche Taufe ist nur ein Symbol, durch das Christen die Veränderung bekennen und veranschaulichen, die dadurch entstanden ist, dass sie Christus annahmen. Wenn aber jemand den Heiland nicht angenommen hat, dann gibt es auch nichts zu symbolisieren, und selbst tausend Taufen würden keine Veränderung herbeiführen.

Es bedarf eines Wunders

Darüber müssen wir uns völlig im Klaren sein. Christus bietet uns ein Wunder an, wodurch er uns ein neues Leben schenkt; aber er tut das nicht durch Zauberei. Trotzdem überrascht es, wie viele Leute selbst in unserem modernen Zeitalter die Taufe immer noch als eine Art Zaubermittel verstehen. Immer wieder kann man das z. B. bei den Diskussionen zwischen Eltern und einem Pfarrer hören, der sich weigert, ihr Kind zu taufen, weil die Eltern überhaupt nicht zur Kirche gehen. Sie halten die Taufe für eine Art Zauberei, durch die irgendwelche Wohltaten ihrem Kind zukommen, auch wenn es selbst genauso wenig glaubt wie seine Eltern. Und es gibt viele andere Menschen, die ihre Hoffnung, letztendlich bei Gott angenommen zu werden, auf die Tatsache setzen, dass sie in grauer Vorzeit eine ähnliche Zeremonie über sich ergehen ließen. Das ist aber nichts als Aberglaube, und wenn wir Realisten sein wollen und der Wirklichkeit unserer Situation ins Auge blicken wollen, so müssen wir diesen mittelalterlichen Aberglauben aufgeben und erkennen, dass geistliche Probleme nur durch geistliche Mittel zu heilen sind. Tun wir das nicht, kann das Ergebnis nur Selbstbetrug oder zynische Enttäuschung sein.

Die Reinigung, die Christus bringt, ist eine geistliche Reinigung, und sie kommt durch geistliche Mittel zustande. Lesen Sie die Worte, mit denen der Apostel Paulus dies beschreibt:

> „Als aber die Güte und die Menschenliebe unseres Retter-Gottes erschien, rettete er uns, nicht aus Werken, die, in Gerechtigkeit vollbracht, wir getan hätten, sondern nach seiner Barmherzigkeit durch die Waschung der Wiedergeburt und Erneuerung des Heiligen Geistes. Den hat er durch Jesus Christus, unseren Retter, reichlich über uns ausgegossen, damit wir, gerechtfertigt durch seine Gnade, Erben nach der Hoffnung des ewigen Lebens wurden." (Tit 3,4-7)

Die Erfahrung des Paulus war gewiss außergewöhnlich; aber sie sollte nicht einzigartig sein. Tatsächlich sagt die Bibel, dass sein Erlebnis im Grunde dem Muster folgt, nach dem Gott jeden Menschen errettet und verändert, der dem Heiland vertraut.

Vielleicht denkt mancher, dass das ganze Reden über Bekehrung zu Christus, über Errettung und Vergebung wie eine kalte Dusche ist. Aber alle, die das alles tatsächlich selbst erlebt haben, die wissen, dass Christus den Prozess ihrer Errettung und Reinigung in den Wein bleibender Freude verwandelte.

So erging es David, dem alten jüdischen König. Er wurde versucht und beging Ehebruch, und als er den zu verbergen suchte, gab er einen Mord in Auftrag. Eine Zeitlang versuchte er sich selbst einzureden, dass das alles nicht so schlimm sei, weil schließlich jeder manchmal in solche Situation gerät und so weiter. Aber sein Gewissen und die damit verbundene Unruhe begannen seinen Körper und seine Seele immer mehr zu belasten. Er konnte nicht mehr schlafen und nicht mehr essen und er bekam alle möglichen seltsamen Beschwerden. Dann, um es kurz zu machen, brachte ihn Gott zur Umkehr und zum Bekenntnis seiner Sünde, und sein erneuerter Glaube gab ihm die Gewissheit der Vergebung und der Annahme bei Gott.[2] Und als das geschehen war, ging er mit so tiefer Freude im Herzen nach Hause, dass er sich hinsetzte und sofort ein Gedicht über seine Erfahrung verfasste. Er vertonte es auch, holte seine Harfe hervor und spielte und sang es, wo er nur konnte. Diese Worte waren: „Glücklich, wem Übertretung vergeben, wem Sünde zugedeckt ist! Glücklich der Mensch, dem der Herr die Schuld nicht zurechnet" (siehe Ps 32,1-2; Röm 4,6-8).

John Newton aus neuerer Zeit war ein brutaler, ungehobelter Kapitän eines Sklavenschiffes. Auch er fand Vergebung und Reinigung durch eine neue Geburt. Aus Dankbarkeit schrieb er ein Lied, mit dessen Worten er und Millionen nach ihm ihre Antwort auf die Liebe des Heilands ausgedrückt haben: „Amazing Grace" – „Erstaunliche Gnade":

Die Gnade hat mich frei gemacht
Von Sünde, Nacht und Tod
Und mich ans helle Licht gebracht
Zu Dir, mein Herr und Gott![3]

---

2 Man kann die ganze Geschichte in 2. Samuel 11 und 12 nachlesen.

3 Eigene Übersetzung. Der Autor zitiert im englischen Original hier eine Strophe aus einem anderen Lied von John Newton, das in Deutschland

Die Angst, dass eine persönliche Hingabe an Christus eine unangenehme Erfahrung ist, die sich wie eine nasse Decke über alle Lebensfreude legt, ist eine unbegründete Angst. Menschen, die Christi Diagnose akzeptiert und sein Heil erlebt haben, werden Ihnen sagen, dass er den Prozess der geistlichen Reinigung in ihrem Leben zu einer Quelle größter Freude machte.

kaum bekannt ist: „How sweet the name of Jesus sounds, in a believer‘s ear! It soothes our sorrows, heals our wounds, and drives away our fear.“

DIE DRITTE GESCHICHTE

Von der THEOLOGIE *zur* GOTTES-ERKENNTNIS

Jesu Gespräch
mit Nikodemus

Und das Passah der Juden war nahe, und Jesus ging hinauf nach Jerusalem. Und er fand im Tempel die Ochsen-, Schaf- und Taubenverkäufer und die Wechsler sitzen. Und er machte eine Geißel aus Stricken und trieb sie alle zum Tempel hinaus, auch die Schafe und die Ochsen; und die Münzen der Wechsler schüttete er aus, und die Tische warf er um; und zu den Taubenverkäufern sprach er: Nehmt dies weg von hier, macht nicht das Haus meines Vaters zu einem Kaufhaus! Seine Jünger erinnerten sich daran, dass geschrieben steht: „Der Eifer um dein Haus verzehrt mich."

Die Juden nun antworteten und sprachen zu ihm: Was für ein Zeichen der Vollmacht zeigst du uns, dass du dies tust?

Jesus antwortete und sprach zu ihnen: Brecht diesen Tempel ab, und in drei Tagen werde ich ihn aufrichten.

Da sprachen die Juden: 46 Jahre ist an diesem Tempel gebaut worden, und du willst ihn in drei Tagen aufrichten? Er aber sprach von dem Tempel seines Leibes. Als er nun aus den Toten auferweckt war, erinnerten sich seine Jünger daran, dass er dies gesagt hatte, und sie glaubten der Schrift und dem Wort, das Jesus gesprochen hatte.

Als er aber zu Jerusalem war, am Passah, auf dem Fest, glaubten viele an seinen Namen, als sie seine Zeichen sahen, die er tat. Jesus selbst aber vertraute sich ihnen nicht an, weil er alle kannte und nicht nötig hatte, dass jemand von dem Menschen Zeugnis gab; denn er selbst wusste, was in dem Menschen war.

Es war aber ein Mensch aus den Pharisäern mit Namen Nikodemus, ein Oberster der Juden. Dieser kam zu ihm bei

Nacht und sprach zu ihm: Rabbi, wir wissen, dass du ein Lehrer bist, von Gott gekommen, denn niemand kann diese Zeichen tun, die du tust, es sei denn Gott mit ihm.

Jesus antwortete und sprach zu ihm: Wahrlich, wahrlich, ich sage dir: Wenn jemand nicht von Neuem geboren wird, kann er das Reich Gottes nicht sehen.

Nikodemus spricht zu ihm: Wie kann ein Mensch geboren werden, wenn er alt ist? Kann er etwa zum zweiten Mal in den Leib seiner Mutter hineingehen und geboren werden?

Jesus antwortete: Wahrlich, wahrlich, ich sage dir: Wenn jemand nicht aus Wasser und Geist geboren wird, kann er nicht in das Reich Gottes hineingehen. Was aus dem Fleisch geboren ist, ist Fleisch, und was aus dem Geist geboren ist, ist Geist. Wundere dich nicht, dass ich dir sagte: Ihr müsst von Neuem geboren werden. Der Wind weht, wo er will, und du hörst sein Sausen, aber du weißt nicht, woher er kommt und wohin er geht; so ist jeder, der aus dem Geist geboren ist.

Nikodemus antwortete und sprach zu ihm: Wie kann dies geschehen?

Jesus antwortete und sprach zu ihm: Du bist der Lehrer Israels und weißt das nicht? Wahrlich, wahrlich, ich sage dir: Wir reden, was wir wissen, und bezeugen, was wir gesehen haben, und unser Zeugnis nehmt ihr nicht an. Wenn ich euch das Irdische gesagt habe, und ihr glaubt nicht, wie werdet ihr glauben, wenn ich euch das Himmlische sage? Und niemand ist hinaufgestiegen in den Himmel als nur der, der aus dem Himmel herabgestiegen ist, der Sohn des Menschen. Und wie Mose in der Wüste die Schlange erhöhte, so muss der Sohn des Menschen erhöht werden, damit jeder, der an ihn glaubt, ewiges Leben hat.

Denn so hat Gott die Welt geliebt, dass er seinen einzigen Sohn gab, damit jeder, der an ihn glaubt, nicht verloren geht, sondern ewiges Leben hat. Denn Gott hat seinen Sohn nicht in die Welt gesandt, dass er die Welt richtet, sondern dass die Welt durch ihn gerettet wird. Wer an ihn glaubt, wird nicht gerichtet; wer aber nicht glaubt, ist schon gerichtet, weil er nicht geglaubt hat an den Namen des einzigen Sohnes Gottes. Dies aber ist das Gericht, dass das Licht in die Welt gekommen ist, und die Menschen haben die Finsternis mehr geliebt als das Licht, denn ihre Werke waren böse. Denn jeder, der Arges tut, hasst das Licht und kommt nicht zu dem Licht, damit seine Werke nicht bloßgestellt werden; wer aber die Wahrheit tut, kommt zu dem Licht, damit seine Werke offenbar werden, dass sie in Gott gewirkt sind.

Johannes 2,13–3,21

Wenn der Zugang zu Gott kommerzialisiert wird

Nach Epheser 2 ist die Errettung ein freies Geschenk (V. 4-10); aber irgendetwas im menschlichen Geist – sei es nun Stolz oder Angst oder was auch immer – wehrt sich dagegen und versucht, sie sich zu verdienen oder auf unterschiedliche Weise dafür zu bezahlen. Manche halten es für nötig, mit gutem Verhalten zu zahlen, andere meinen, wenn sie eine vollkommene Liebe zu Gott erreichen könnten, wird Gott ihnen vergeben, wieder andere bieten Gott buchstäblich Geld an, um sich von ihren Sünden freizukaufen. Und das alles ist ein tragischer Irrtum, weil das Heil nicht gekauft werden kann.

Allein der Gedanke, man könne es kaufen, ist von Grund auf sündig: Er unterstellt, dass wir als geschaffene Wesen über irgendwelche eigene Mittel verfügten (was nicht einmal stimmte, wenn wir sündlos wären). Diese Lüge verschleiert die Tatsache, dass wir moralisch bankrott sind. Sie hält uns von jener radikalen Umkehr ab, mit der wir unsere eigene, vollständige Unwürdigkeit zugeben und Gottes Urteil als gerecht anerkennen und so die Vergebung demütig als unverdiente Gnade annehmen, die Gott uns durch Christus frei und umsonst anbietet.

Wenn Paulus die Gründe untersucht, warum die Mehrheit der Juden damals nicht gerettet wurden, führt er dies auf die falsche Einstellung zurück, dass man sich das Heil durch eigene Verdienste erwerben kann. So sagt er in Römer 10,3: „Da sie Gottes Gerechtigkeit nicht erkannten und ihre eigene aufzurichten trachteten, haben sie sich der Gerechtigkeit Gottes nicht unterworfen". Daher war es besonders tragisch, dass sich die Priester mit der Kommerzialisierung des Gottesdienstes stillschweigend abgefunden hatten. Dadurch trugen sie zu der irrigen Haltung im Volk bei, man könne das Heil kaufen, sich verdienen oder erarbeiten.

Wenn man das Symbol mehr als die Wirklichkeit liebt

Als Christus den Tempel reinigte, zeigte sich ein weiterer tragischer Aspekt. Als er auf ihre Forderung nach einem Zeichen sagte: „Brecht diesen Tempel ab, und in drei Tagen werde ich ihn aufrichten", verstanden die Juden überhaupt nicht, was er meinte. Dafür waren sie nicht zu tadeln. Traurig ist allerdings, dass sie gar nicht interessiert daran waren zu erfahren, was er damit meinte. Gerade in jenen Tagen feierten sie das Passah, bei dem sie sich an Gottes Macht erinnern sollten, die ihre Vorfahren aus Ägypten befreit hatte. Und jetzt stand in ihrer Mitte einer, der durch sein Wirken starke Beweise dafür lieferte, dass er der von Maleachi Geweissagte war: „Und plötzlich kommt zu seinem Tempel der Herr … und er wird sitzen und das Silber schmelzen und reinigen, und er wird die Söhne Levis reinigen und läutern wie Gold und Silber" (Mal 3,1.3). Er sprach zu ihnen, wenn auch in einer verborgenen Sprache, über mehr als über menschliche Kraft und von einem Tempel, der in dieser Kraft errichtetet wird. Was war das für eine Aussage? Welch neuer und kraftvoller Gottesdienst wurde damit vorausgesagt? Aber all das interessierte sie nicht. Sie dachten nur an ihren Tempel aus Stein. Denn in ihren Augen war dies ein Wunderwerk, das innerhalb von sechsundvierzig Jahren erbaut wurde (die Touristen staunten nicht schlecht, wenn man ihnen das erzählte); er hatte wer weiß wie viele Millionen gekostet und war immer noch nicht fertig (was natürlich den Zufluss von

Touristengeldern in die Sammeldosen des Tempels außerordentlich steigerte). Was könnte Jesus oder der Messias selbst schon anbieten, das besser war als dieser eindrucksvolle Steinkoloss mit all seinen großartigen Kunstschätzen, den farbenprächtigen Ritualen und dem religiösen Verkaufsrummel an den Eingängen? Es interessierte sie einfach nicht herauszufinden, was Jesus meinte.

Und es sind nicht nur die Juden, die von dieser Haltung erlöst werden müssen.

In seinem Brief an die Heiden in Ephesus schrieb Paulus, dass er nicht aufhöre, für sie zu beten,

> „... dass der Gott unseres Herrn Jesus Christus, der Vater der Herrlichkeit, euch gebe den Geist der Weisheit und der Offenbarung in der Erkenntnis seiner selbst. Er erleuchte die Augen eures Herzens, damit ihr wisst ... was die überragende Größe seiner Kraft an uns, den Glaubenden, ist ... die er in Christus hat wirksam werden lassen, indem er ihn aus den Toten auferweckt und zu seiner Rechten in der Himmelswelt gesetzt hat ... Er hat uns mitauferweckt und mitsitzen lassen in der Himmelswelt in Christus Jesus." (siehe Eph 1,17–2,6)

Die Epheser hatten sich erst kürzlich von der Anbetung der Artemis bekehrt. Auch dort stand ein prachtvoller Tempel, der zu den sieben Weltwundern gehörte.

Was Paulus schreibt, ist ebenfalls geheimnisvoll, zumindest scheint es so; denn in welchem Sinn hat Gottes Kraft nicht nur Christus von den Toten auferweckt und ihn zu seiner Rechten gesetzt, sondern ebenso auch die Gläubigen? Wenn wir möchten, dass unser christlicher Gottesdienst mehr als eine Formsache ist, sollten wir keine Ruhe geben, bis unsere Augen tatsächlich geöffnet sind, um zu erkennen, was damit gemeint ist.

Und so offenbarte Christus während des Festes in der Stadt viele Zeichen seiner wundertätigen Kraft, um die Menschen zum Nachdenken zu bringen und Gott persönlich zu suchen, um dadurch die geistliche Kraft zu gewinnen, die allein die Anbetung Gottes zu einer lebendigen Realität machen kann. Es gab zwar einige, die von den Wundern beeindruckt waren, wenn auch nur als unterhaltsame religiöse Show. Wir erfahren aber, dass sich Christus nicht auf sie einließ (Joh 2,23-25): Er war damals genauso wenig wie heute daran interessiert, die Leute nur religiös zu unterhalten und ihre Gefühle aufzuputschen. Die sichtbaren Machterweise waren lediglich ein Hinweis auf Gottes viel mächtigeres Angebot auf einer viel tieferen, bedeutungsvolleren, geistlichen Ebene: auf eine Kraft, die den Charakter einer Person verändern konnte, um sie zu befähigen, die Dinge Gottes zu verstehen. Es gab aber einige, denen klar wurde, dass mit den Wundern eine tiefere Absicht verfolgt wurde, und die kamen persönlich zu Christus, um herauszufinden, um was es da ging. Tatsächlich finden wir im dritten Johanneskapitel einen solchen Menschen, der nachts zu Jesus kam, um über die Bedeutsamkeit der Zeichen zu reden. Und wir sollten bei dieser Unterhaltung sehr genau zuhören.

Ein Mensch, der mit seinen Fragen kam

Einem einfühlsamen Theologen wie Nikodemus muss die Kommerzialisierung der Religion im Tempel äußerst zuwider gewesen sein. Und dass Christus sie vertrieben hatte, wird seinem

Gewissen durchaus gefallen haben, als er davon hörte. Als außerdem noch dauernd neue Berichte zu hören waren, dass dieser junge Mann, Jesus, Wunder vollbrachte, die nicht nur schlichte Krafterweise waren, sondern auch bedeutende geistliche Lektionen zu enthalten schienen, wurde Nikodemus immer stärker gedrängt, diesem Phänomen auf die Spur zu kommen. Dennoch wird ihm die Entscheidung, ein persönliches Gespräch mit Christus zu suchen, nicht leichtgefallen sein. Es würde mehr als nur Stirnrunzeln hervorrufen, wenn seine Kollegen davon erfuhren. Dass er anfing, den Anspruch Jesu, der Messias zu sein, ernst zu nehmen, und dass er tatsächlich ein persönliches Gespräch mit ihm geführt hatte, würde Fragen nach seinem akademischen Urteilsvermögen aufwerfen. Wenn er stattdessen eine Untersuchung über „die Entwicklung und Ausbreitung der Messias-Idee in der Periode der frühen Monarchie" verfasst hätte, hätte man das selbstverständlich für ein ausgezeichnetes und seriöses Thema gehalten, angemessen für einen Gelehrten. Aber anzunehmen, es sei möglich, dass der Messias tatsächlich gekommen ist, und dass er ein Zimmermann aus Nazareth in Galiläa sei, der keine einzige Stunde Theologie studiert hat, wäre automatisch ein Beweis für den denkbar schlechtesten religiösen Stil und ein Zeichen für völliges Versagen von allem kritischen Urteilsvermögen.

„Aber", so hörte er sich schon mit seinen Kollegen argumentieren, „was ist mit den Zeichen, die Jesus Tag für Tag tut? Ist es denn gesunde akademische Praxis, die Beweise abzulehnen und eigene Schlüsse auf Vorurteile oder A-priori-Vorstellungen zu stützen? Angenommen, er kommt tatsächlich aus Galiläa und ist wirklich nur ein Zimmermann, war nicht einer unserer großen Propheten, Amos, auch nur ein Kleinviehhirte? Und schreiben unsere Studenten nicht heutzutage ihre Doktorarbeiten, indem sie die Theologie und das soziale Gewissen von Amos und Ähnliches erforschen?“

Aber es half nichts! Seine Argumente hätten nichts bewirkt. Amos war eine Gestalt der alten Geschichte: Darum war es seriös, ihn zu erforschen, obwohl er nur ein Hirte war. Aber ein Zimmermann in der Gegenwart, der vorgibt, der Messias, der Retter der Nation, ja der ganzen Welt zu sein, und einer, an den man glauben muss, um errettet zu werden – das sind Dinge, von denen ein vernünftiger Akademiker instinktiv weiß, dass sie keiner Untersuchung wert sind. Und die gesicherten Ergebnisse der modernen Bibelwissenschaft, die von allen Gelehrten akzeptiert wurden, zeigten jedenfalls, dass es keinen Grund für die Annahme gab, dass ein Prophet aus Galiläa kommen würde (siehe 7,52). Diese Mehrheitsmeinung in Frage zu stellen, bedeutete, nicht als Gelehrter zu gelten oder ein seltsamer Exzentriker zu sein.

Nein, es würde für Nikodemus nicht leicht werden, wenn er es wagen sollte, Christus persönlich zu treffen, und allgemeine öffentliche Zusammenkünfte blieben so unbefriedigend, weil sie viele Fragen aufwarfen, die immer unbeantwortet blieben. Was würde beispielsweise dieser junge Mann zu der von einer Reihe von Gelehrten vertretenen Idee zu sagen haben, dass man nach dem Alten Testament annehmen müsste, es werde zwei Messiasse geben – einen aus dem Haus Juda und einen aus dem Haus Josef? Und was würde er mit der interessanten Ansicht machen, man müsse alle messianischen Verheißungen entmythologisieren, bevor man sie richtig verstehen kann? Denn es sei ein verrückter Buchstabenglaube anzunehmen, dass die biblische Prophezeiung, dass der Messias auf einem Esel reitend in Jerusalem einziehen wird, bedeutet, dass der Messias auf einem Esel reitend in Jerusalem einziehen wird! Vielmehr sollte man es so verstehen:

Wenn ganz Israel sich demütigt und alle Israeliten das Gesetz einen ganzen Tag lang halten, dann konstituiert sich dadurch das Kommen des Messias: nicht im Kommen einer Person, sondern in der Verbreitung einer inneren ethischen Haltung der Demut und Wahrhaftigkeit. Oder etwa nicht?

Er musste wirklich diesen jungen Mann aufsuchen und ihm solche Fragen vorlegen. Zweifellos vollbrachte dieser junge Mann einige bemerkenswerte Wunder; aber war auch seine Theologie intellektuell fundiert? Doch wie sollte er das herausfinden, wenn er nicht hinging und mit ihm sprach? Eins war ihm völlig klar: Ein ganzes Menschenleben dem akademischen Bibelstudium zu widmen, um sich dann zu weigern, wenn es Beweise dafür gibt, dass Gott tatsächlich lebt und aktiv in der Welt wirkt, diese auch nur zu untersuchen, macht aus unserem gesamten professoralen Leben einen Unsinn. Und so machte er sich mit dem beherzten Mut, den einige sensible Leute besitzen, nachts, als es dunkel war, auf den Weg, um das persönliche Gespräch mit Christus zu suchen.

Das Gespräch

Offensichtlich eröffnete Nikodemus die Unterhaltung. „Rabbi“, sagte er; und dabei lag in seiner Stimme nicht die geringste Spur von Herablassung und ganz sicher kein Sarkasmus, als er diesen Titel benutzte, um den jüngeren, nicht akademisch gebildeten Mann anzureden. Nikodemus war ein Gelehrter, kein kleingeistiger Professioneller. „Rabbi, wir wissen, dass du ein Lehrer bist, von Gott gekommen, denn niemand kann diese Zeichen tun, die du tust, es sei denn Gott mit ihm“ (3,2).

Aber jemanden als „Lehrer“ anzusprechen ist normalerweise die Einleitung, ihm Fragen zu stellen und ihn zu bitten, diese zu beantworten. Was würde Nikodemus wohl fragen? War es vielleicht etwas wie: „Was sind deine Ansichten über das Messias-Problem? Du würdest doch sicher nicht alle messianischen Schriften wörtlich auslegen? Oder etwa doch?“ In Wirklichkeit wissen wir nicht, was er fragen wollte. Es gibt einige Vorgehensweisen zur Erkenntnis Gottes und des Heils, die grundsätzlich unfruchtbar sind, und bevor er irgendeinen solchen Versuch starten konnte, schnitt ihm unser Herr das Wort ab. Nikodemus hatte gesagt, was er wusste: „Wir wissen, dass du ein Lehrer bist, von Gott gekommen.“ Dann musste er sich auch vom Lehrer vorgeben lassen, was die erste Lektion sein sollte. Und da stellte sich heraus, dass es die grundlegendste Lektion war, die möglich war. Jesus antwortete: „Wahrlich, wahrlich, ich sage dir: Wenn jemand nicht von Neuem geboren wird, kann er das Reich Gottes nicht sehen“ (3,3).

Die Direktheit dieser Vorgehensweise muss Nikodemus verblüfft haben, genauso wie auch uns selbst, wenn wir lange genug innehalten, um uns klarzumachen, was das bedeutet. Wenn überhaupt jemand über das Reich Gottes diskutieren will, kann man sich kaum eine grundsätzlichere Lektion vorstellen als diese, denn sie erklärt uns die Grundvoraussetzung dafür, damit ein Mensch das Reich Gottes auch nur zu sehen bekommt. Warum hat Christus diesen Einstieg in die Unterhaltung mit diesem Theologieprofessor gewählt, indem er diese grundlegende und elementare Sache ansprach? Die Antwort ist einfach, aber zutiefst beunruhigend: Dieser Theologe mit all seiner Gelehrsamkeit war ein unerlöster Mensch. Er war nie von Neuem geboren.

Wenn Surrogate die Wirklichkeit ersetzen sollen

Hat man dies erst einmal erkannt, so hilft es – wie schockierend es auch sein mag –, ein früheres Problem zu erklären. Die gesamte Kommerzialisierung der Religion, die sich im Tempel abspielte – woher kam sie? Nikodemus hat das alles vielleicht missbilligt: aber war er nicht teilweise mitverantwortlich dafür? Wenn er selbst nicht wiedergeboren war, wird er auch nie den Priestern gesagt haben, dass sie von neuem geboren werden müssen, wie auch dem ganzen Volk. Und wenn Menschen nicht von Neuem geboren sind, selbst wenn sie versuchen, Gott anzubeten und ihm zu dienen, dann werden sie auch – wie Christus sich ausdrückt – niemals „das Reich Gottes sehen" können. Die Dinge Gottes werden ihnen unverständlich bleiben (siehe 1Kor 2,14); und darum werden sie eine Reihe geringerer Dinge als Ersatz für geistliche Gemeinschaft mit Gott beachten. Manche werden sich einbilden, das ästhetische Erleben beim Hören eines Profi-Chores sei eine geistliche Erfahrung, und so werden sie einen Gottesdienst in ein frommes Konzert verwandeln. Andere werden sich einbilden, der intellektuelle Anreiz einer theoretischen Theologie sei etwas Geistliches. Solche werden dann vielleicht akademische Theologen. Aber die Massen, die wenig Interesse an Ästhetik und noch weniger an Intellektuellem haben, die werden etwas Schlichteres und weniger Anspruchsvolles fordern. Aberglaube und Kommerz werden das dann befriedigen.

Wiedergeboren

Als sich Nikodemus nach der Verblüffung durch Christi Aussage wieder gefasst hatte, fragte er: „Wie kann ein Mensch geboren werden, wenn er alt ist? Kann er etwa zum zweiten Mal in den Leib seiner Mutter hineingehen und geboren werden?" (Joh 3,4).

Es ist möglich, dass Nikodemus wirklich dachte, Christus hätte das wörtlich gemeint – eine leibliche Geburt –, und stellte die Möglichkeit infrage. Doch obwohl Nikodemus ein nicht wiedergeborener Mensch war, besteht kein Grund, seinen Verstand durch solch eine Annahme zu beleidigen. Vielleicht meinte er, Christus predige hier eine völlig unbrauchbare Lösung für die menschlichen Probleme. Solche wilden theologischen Märchen, auf die kleinere Sekten gern hereinfallen, tauchen ja immer wieder einmal auf; und vielleicht war er höflich genug, sie sogleich als Unmöglichkeit beiseitezuschieben. Es ist aber auch gut möglich, dass diese Worte unseres Herrn über die Wiedergeburt in ihm eine Sehnsucht wachriefen, die wir alle kennen, obwohl wir wissen, dass es unmöglich ist: „Ach, könnte ich doch noch einmal von vorne anfangen!" Es geht ja nicht nur um Dinge, die wir getan haben, von denen wir wünschen, sie wären nicht geschehen. Wir selbst sind wie ein Knäuel von Erinnerungen, Haltungen und Komplexen, die sich in unserem Verhalten permanent und widersprüchlich streiten, egal wie sehr wir uns bemühen, dies zu korrigieren. Wie wunderbar wäre es, wenn wir an den Anfang zurückkehren könnten, noch einmal von Neuem geboren werden könnten! Aber das ist unmöglich, und so sehr sich Nikodemus das auch gewünscht haben mag, er wusste, dass es nicht geht.

Es war nicht nur unmöglich. In dem Sinn, wie Nikodemus vielleicht dachte, würde es auch nichts bringen, selbst wenn es möglich wäre. Auch wenn wir wie neugeborene Babys mit demselben Wesen in ein völlig neues Leben starten könnten, würde das doch nur zu demselben Ergebnis führen. Darum antwortete unser Herr sofort mit einer Präzisierung seiner ersten Aussage, die deutlich machte, dass er bei Wiedergeburt nicht an ein

Zurück zu einem neuen, unverdorbenen menschlichen Leben dachte, sondern an eine neue Art und Weise des Lebens selbst. „Wahrlich, wahrlich, ich sage dir: Wenn jemand nicht aus Wasser und Geist geboren wird, kann er nicht in das Reich Gottes hineingehen." Dann fügte er noch den Grund dafür hinzu: „Was aus dem Fleisch geboren ist, ist Fleisch, und was aus dem Geist geboren ist, ist Geist. Wundere dich nicht, dass ich dir sagte: Ihr müsst von neuem geboren werden" (3, 5-7). Als wir das erste Mal geboren wurden, wurden wir in Fleisch und Blut geboren. Seitdem ist das Fleisch gewissermaßen gründlich verdorben und befleckt worden. Christi Forderung ist nicht, das Fleisch in seinen Unschuldsstand der Babyzeit zurückzusetzen. Was er fordert, ist eine neue Geburt von völlig anderer Art, eine Geburt, durch die wir ein geistliches Leben hervorbringen, genauso wie unsere physische Geburt ein fleischliches Leben hervorbrachte. Natürlich kann man eine geistliche Geburt nicht mit den leiblichen Augen wahrnehmen. Das bedeutet allerdings nicht, dass sie deshalb nicht real ist. Sie ist genauso wirklich wie eine fleischliche Geburt. „Der Wind", so sagt Christus zu Nikodemus, „weht, wo er will, und du hörst sein Sausen, aber du weißt nicht, woher er kommt und wohin er geht" (siehe V. 8), aber niemand käme auf die Idee zu meinen, der Wind sei nur eine Einbildung oder nur eine Vorstellung. Er ist so real wie jede sichtbare Sache. Und so ist es auch mit dem neuen Leben, das im Menschen beginnt, wenn er von Neuem geboren wird. Von dem Zeitpunkt an gibt es in diesem Menschen ein Leben, das es vorher nicht gab.

Eine falsche Vorstellung von Waschungen und der neuen Geburt. Für Nikodemus war das alles nur schwer zu verstehen. „Wie kann dies geschehen?", fragt er. Und das galt nicht nur für ihn. Das mittelalterliche Christentum machte im Grunde den gleichen Fehler wie Nikodemus, und mehr noch: Es baute ihn in seine Theologie und Rituale ein.

Zuerst nahm man an, dass unser Herr von einer Wiedergeburt aus Wasser sprach, und damit den Ritus der Kindertaufe meinte. Und dann nahm man außerdem an, von Neuem geboren zu sein bedeutet, von der Befleckung durch die Sünde unseres Vorvaters Adam gereinigt zu sein: Ein Baby hat durch seine Geburt die Natur des Fleisches, die von der innewohnenden Beschmutzung durch Adams Sünde befleckt ist. Aber die Taufe würde diesen Makel abwaschen und die ursprüngliche Reinheit des Babys erneuern. Danach braucht es lediglich noch Gottes Gnade, um die Natur des Menschen allmählich zu verbessern. Was aber genau das Gegenteil von dem ist, was unser Herr gelehrt hat. Angenommen, man könnte das Fleisch von der Befleckung durch Adams Sünde reinigen (und das funktioniert auf keinen Fall), dann bliebe das Fleisch immer noch nur Fleisch. Es könnte gereinigtes Fleisch sein, völlig reines Fleisch, unschuldiges Fleisch, und doch bliebe es Fleisch. Was Christus damals forderte und immer noch fordert, ist nicht die Verbesserung des Fleisches, sondern die Geburt einer völlig anderen und höheren Art des Lebens: „Was aus dem Fleisch geboren ist, ist Fleisch, und was aus dem Geist geboren ist, ist Geist."

Wasser und Geist

Wie wir im vorigen Kapitel festgestellt haben, ist es wohl kaum mehr als Aberglaube, anzunehmen, die Geburt eines geistlichen Lebens könne in einem Baby oder auch in einem Erwachsenen mithilfe von bloßem Wasser bewirkt werden. Da spielt es auch keine Rolle, wie viele Gebete gesprochen und wie sehr das

Wasser zu diesem Zweck geweiht wurde. Nikodemus war als Jude im Rahmen seiner religiösen Pflichten an endlose Waschungen in bloßem Wasser gewöhnt und hätte das besser wissen müssen (oder zumindest wissen können), wenn er sich nur seine jüdische Bibel in Erinnerung gerufen hätte. Ganz freundlich drückt unser Herr sein Erstaunen darüber aus, dass ein so gelehrter Bibellehrer wie Nikodemus nicht schon längst mit der Notwendigkeit und der Bedeutung einer neuen Geburt vertraut war. „Du bist der Lehrer Israels und weißt das nicht?" Wie oft schon muss Nikodemus bereits die berühmten Kapitel aus dem Propheten Hesekiel gelesen und studiert haben, in denen die Wiedergeburt Israels vorhergesagt wird! In einem dieser Kapitel berichtet der Prophet von seiner Vision eines Tales voller trockener Knochen, zu denen er das Wort Gottes predigen sollte. Sogleich sah er erstaunt, wie die Knochen zu Körpern zusammenrückten und Fleisch und Sehnen darüber wuchsen, und dann wurde ihm wieder befohlen zu weissagen:

> „Und er sprach zu mir: Weissage dem Odem, weissage, Menschensohn, und sprich zu dem Odem: So spricht der Herr, HERR: Komm von den vier Winden her, du Odem, und hauche diese Erschlagenen an, dass sie (wieder) lebendig werden! Da weissagte ich, wie Er mir befohlen hatte; und der Odem kam in sie, und sie wurden (wieder) lebendig und standen auf ihren Füßen, ein sehr, sehr großes Heer." (Hes 37,9-10)

Nikodemus muss das so oft gelesen haben, und jetzt war Christus da und benutzte als Illustration den wirklichen Wind und dessen geheimnisvolles Kommen und Gehen für die Kraft, mit der

der Heilige Geist eine Wiedergeburt bewirkt. Wie er neues Leben schenkt, wo vorher kein Leben mehr war, genauso wie Gott es durch den Propheten bewirkt hatte. Warum verstand er das nicht? Denn auch im vorangehenden Hesekielkapitel sprach Hesekiel Gottes Verheißung an Israel aus:

> „Und ich werde reines Wasser auf euch sprengen, und ihr werdet rein sein von allen euren Unreinheiten, und von allen euren Götzen werdet ihr euch reinigen. Und ich werde euch ein neues Herz geben und einen neuen Geist in euer Inneres geben." (Hes 36,25-26)

„Wasser und Geist" – diese Worte hätte Nikodemus sofort erkennen müssen, und als Lehrer der Theologie hätte er sich längst Gedanken über die Bedeutung dieser Worte machen sollen. Hier war von Wasser die Rede, durch das Israel vom Schmutz des Götzendienstes gereinigt werden konnte. Welches Wasser? Das buchstäbliche Wasser eines zeremoniellen Bades oder der Taufe? Wohl kaum! Zeremonielle Waschungen, Reinigungen und Taufen in normalem Wasser waren von Gott als Teil der Symbole für Israels religiöses System seit Moses Zeiten eingesetzt worden. Zu Hesekiels Zeit gab es wohl niemand im ganzen Volk, der nicht viele Male gewaschen und gereinigt worden war, und doch waren sie abscheulich unrein: Von Kapitel zu Kapitel im Propheten Hesekiel hört man, wie Gott ihre Unreinheit anklagt und die schrecklichen Konsequenzen androht, die bald über sie hereinbrechen würden. Die zeremoniellen Waschungen hatten sich als bemerkenswert unwirksam erwiesen. Wenn Gott daher verheißt, am Ende werde das Volk eine geistliche Wiedergeburt erleben, sollte er damit tatsächlich normales Wasser gemeint haben? Solches Wasser hatte sich doch in ihren zeremoniellen Waschungen und Besprengungen millionenfach als unwirksam erwiesen. Es konnte geistliche Unreinheit nicht reinigen – wie sollte es dann doch irgendwie erfolgreich sein und das erste Mittel der Wahl werden? Das konnte offensichtlich nicht sein! Hier gilt, was für alle Symbole in Israels Religion gilt: Diese Symbole selbst bewirken nichts. Der einzige Zweck war, auf die geistliche Realität hinzuweisen.

Wort und Geist

Auch Christen könnten von ihren Aposteln und Propheten sehr genau wissen, was unser Herr mit Wasser meinte, als er davon sprach, aus Wasser und Geist geboren zu sein. Hören wir einmal, was der Apostel Petrus über die Wiedergeburt sagt: „Denn ihr seid wiedergeboren, nicht aus vergänglichem Samen, sondern durch unvergänglichen durch das lebendige und bleibende Wort Gottes" (1Petr 1,23). Und was sagt der Apostel Johannes? „Wer Gott zum Vater hat, lebt nicht mehr in der Sünde, weil das Erbgut (ELB: Same) seines Vaters jetzt in ihm wirkt" (1Jo 3,9; NeÜ).

Somit stimmen Petrus und Johannes darin überein, dass das durch die Wiedergeburt geschenkte neue Leben aus göttlichem Samen hervorgegangen ist, der uns durch Gottes Wort vermittelt wurde. Hören wir weiter auf unseren Herrn, wie er selbst dieses Wort beschreibt: „Die Worte, die ich zu euch geredet habe, sind Geist und sind Leben" (Joh 6,63). Das heißt: Die Worte unseres Herrn übermitteln nicht nur Informationen; sie sind lebendig und schöpferisch und vermitteln Leben, weil sie selbst Leben sind. Jetzt hören wir auf Paulus, der über das reinigende Element eben dieses Wortes spricht: „… um sie zu heiligen, (sie) reinigend durch das Wasserbad im Wort" (Eph 5,26). Und an anderer Stelle sagt er zum Thema Wiedergeburt: „Durch die Wiedergeburt hat er uns gewaschen und durch den Heiligen Geist uns erneuert" (Tit 3,5; NeÜ). Beachten Sie dabei besonders, was die Wiedergeburt bewirkt: „Diesen Geist hat er durch Jesus Christus, unseren Retter, in reichem Maß über uns ausgegossen" (V. 6). Es ist der Heilige Geist, nicht das eigentliche Taufwasser.

Nun könnte aber auch jemand fragen, wieso der Begriff Wasser sowohl ein Ausdruck für das Wort wie in Epheser 5, als auch für den Heiligen Geist wie in Titus 3 sein kann. Die Antwort finden wir in Johannes 6,63, wo unser Herr sagt, was wir eben schon anführten: Seine Worte sind Geist, und sie sind die Worte des lebendigen Gottes, empfangen durch den Geist Gottes und gesprochen in seiner Kraft. Die Worte Christi sind also nicht vom Heiligen Geist zu trennen, der sie ausspricht.

Der Heilige Geist hat viele Aufgaben. Wenn er Leben spendet, so werden Ausdrücke wie *Samen* und *Wort* verwendet; wenn er Reinheit bewirkt, wird von *Wasser* und *Waschung* gesprochen; wenn er das Böse richtet, wird der Ausdruck *Feuer* verwendet. So weissagte Johannes der Täufer, dass unser Herr die Menschen mit Heiligem Geist und mit Feuer taufen wird (Mt 3,11). Und unser Herr sagt Nikodemus und uns allen, dass wir aus Wasser und Geist geboren werden müssen. Glücklicherweise hat es die Christenheit bisher noch nicht so weit getrieben, dass sie aus der Taufe in Heiligem Geist und Feuer eine offizielle kirchliche Zeremonie gemacht hat, bei der tatsächliches Feuer Verwendung findet.

Es wären uns endlose Verwirrungen, Frustrationen und Enttäuschungen erspart geblieben, wenn die Christenheit niemals versucht hätte, die Wiedergeburt in eine Zeremonie zu verwandeln, bei der normales Wasser verwendet wird. Denn es kann nichts Bedeutenderes und Lebenswichtigeres geben, als in das Reich Gottes zu gelangen. Eine Alternative zu diesem Zugang ist undenkbar. Bei diesem Thema können wir es uns nicht leisten, uns selbst oder auch andere mit inhaltsleeren und irreführenden Symbolen zu verwirren. Nichts als die tatsächliche Realität reicht hier aus. Lassen wir uns von Christus selbst sagen: „Wahrlich, wahrlich, ich sage dir: Wenn jemand nicht von Neuem geboren wird, kann er das Reich Gottes nicht sehen."

Eine deutliche Schwierigkeit

Für Nikodemus war das alles ziemlich irritierend. Vor allem verstand er einfach nicht, was der junge Prophet sagte. Dabei waren dessen Worte nicht schwierig und seine Rede nicht kompliziert oder gar philosophisch. Wenn sie das gewesen wären, hätte er sie verstanden und sich darüber gefreut. Höchstwahrscheinlich hätte er sich über nichts mehr gefreut, als ein wirklich schwieriges Auslegungsproblem zu diskutieren, bei dem man sehr sorgfältig die eigenen Ausdrücke auswählte und mit Bedacht die Argumente prüfen müsste. In den Seminaren der theologischen Schule musste man hellwach sein, um den Sinn und die Subtilität mancher Argumente richtig zu durchschauen. Da konnte man leicht in den Augen der Studenten als Narr dastehen, wenn man nicht verstand, um was es dem Kontrahenten eigentlich ging. Aber dergleichen bekümmerte Nikodemus nicht wirklich: Er war nicht umsonst *der* Lehrer Israels.

Aber in dem, was der junge Prophet sagte, gab es nichts, was man in Frage stellen konnte. „Ihr müsst von Neuem geboren werden", behauptete der, „sonst könnt ihr das Reich Gottes nicht sehen." Das war eine schockierend radikale Aussage und dazu noch so direkt und persönlich. Da musste man sich selbst fragen: „Ja, bin *ich* denn von Neuem geboren?" Entweder ich bin es, oder ich bin es nicht. Da half es nicht zu antworten: „In gewisser Weise denke ich, dass ich wiedergeboren bin." Außerdem war es ziemlich deutlich, was der junge Mann von ihm dachte.

Eine Verständnisfrage

So war es wohl das Beste, die Diskussion mehr auf der unpersönlichen und objektiven Ebene zu führen. Aber genau das war so schwierig zu bewerkstelligen. Wenn jemand behauptet, es sei falsch, am Sabbat Bilder zu malen, weil das Malen eine Arbeit ist, dann hat man die Voraussetzungen für eine wirklich gute Diskussion. Da kann man zuerst darüber debattieren, was Arbeit ist. Dann kann man überlegen, ob Malen Arbeit oder Erholung ist und so weiter und so weiter. Aber angenommen, jemand sagt: „Da ist ein verborgenes Bild auf diesem Stück Papier, das man nur unter ultraviolettem Licht sehen kann. Ich kann dich aber zu einer ultravioletten Lichtquelle führen und dir dort das Bild zeigen, wenn du nur einfach mit mir kommst." Was gäbe es da zu diskutieren? Man könnte sich natürlich weigern zu glauben, dass ein Bild auf dem Papier ist, und man könnte auch unverblümt leugnen, dass es so etwas wie ultraviolettes Licht gibt. Und man könnte schließen, dass der Mensch, der behauptet, es gäbe dieses Bild, ein Betrüger oder ein Spinner ist. Aber selbst das ist nicht so einfach, besonders wenn man selbst nicht genau weiß, was ultraviolettes Licht ist, und wenn außerdem der Mensch vor dir auf anderen Gebieten ein bemerkenswert kompetenter Gelehrter zu sein scheint. In Wirklichkeit ist das, was zu tun wäre, sehr einfach. Man müsste sagen: Gut, bring mich zu dieser ultravioletten

Lichtquelle und zeig mir das Bild.“ Stellt es sich heraus, dass er ein Lügner ist, so ist ja nichts verloren. Allerdings müsste man diesem Menschen wenigstens so weit vertrauen, dass man ihm bis zum Labor folgt. Dann wird sich herausstellen, dass man zum Narren gehalten wurde, falls er ein Betrüger war. Vielleicht könnte man aber sagen: „Ich verstehe nicht, wie ultraviolettes Licht, von dem du sprichst, ein Bild enthüllen kann, das man mit dem bloßen Auge nicht sehen kann. Ich begreife nicht, wie das funktionieren soll.“ Wäre das vielleicht eine ausreichende Entschuldigung, um nicht mit ins Labor zu gehen, um zu prüfen, ob es funktioniert oder nicht?

„Ich verstehe einfach nicht, wie das überhaupt möglich ist, von dem du sprichst“, sagte Nikodemus.

„Richtig!“, sagte Christus. „Du begreifst es nicht. Aber dein Grundproblem ist nicht, dass du nicht *verstehst*. Das Problem ist, dass du nicht *glauben* willst. Selbst bei Dingen, deren Wahrheit du prüfen kannst und von denen du weißt, dass sie stimmen, bist du nicht bereit, sie zu glauben. Ja, ich versichere dir: Wir reden von dem, was wir kennen. Und was wir bezeugen, haben wir selbst gesehen. Doch ihr nehmt unsere Worte nicht ernst. Wir bieten euch doch gar keine Thesen an, über die man diskutieren kann, sondern machen eine Zeugenaussage, die ihr überprüfen könnt. Aber ihr wollt unser Zeugnis nicht einmal zulassen. Einige der Dinge, die ich euch gesagt habe, waren irdische Dinge, wie die Bewegungen des Windes, die ihr aus eigener Erfahrung kennt. Aber nicht einmal bei denen seid ihr bereit zu vertrauen, dass ihr eine Analogie zwischen der Wirkung des unsichtbaren Windes in der physischen Sphäre und den Bewegungen des Geistes im unsichtbaren geistigen Bereich zulasst. Und wenn ich mit euch über die irdischen Dinge sprach und ihr nicht glauben wollt, wie werdet ihr dann glauben, wenn ich euch von himmlischen berichte? Nikodemus, du bist wirklich ein Ungläubiger“ (siehe Joh 3,1-12).

Der gelehrte Rabbi zuckte zwar zusammen; aber er protestierte nicht. Der Pfeil hatte ihn getroffen, bevor er seine Verteidigung aufbauen konnte, und mit der heraufdämmernden Selbsterkenntnis begann auch die Wunde zu schmerzen. Er – ein Ungläubiger? Na, Nikodemus, bist du nicht seit Jahren ein gestandener Theologe? Wo würden diese Vorwürfe Halt machen? Zuerst musste er schlucken, dass er ein nicht wiedergeborener Mensch sei, und jetzt wurde ihm direkt ins Gesicht gesagt, er sei ein Ungläubiger! Da sollte man doch protestieren gegen die Unverschämtheiten, die sich dieser junge Mann herausnahm.

Eine Frage des Vertrauens

Die Selbsterkenntnis raubte ihm allen Mut, den er sonst zum Protestieren gehabt hätte. Denn in einem sehr realen Sinn war er ja ein Gläubiger: er glaubte, dass es einen Gott gibt. Er glaubte, dass die Bibel das Wort Gottes ist – warum sonst hätte er sein ganzes Leben dem Studium der Bibel gewidmet? Aber es stimmte auch, dass er wie viele andere war, die mit solchen Fragen ringen: In einem anderen Sinn fand er es sehr schwierig, irgendetwas so weit zu glauben, dass er sich persönlich darauf einlassen würde. So fand er es z. B. in den Ratssitzungen des Synedriums unsagbar schwierig, sich vorbehaltlos auf etwas festzulegen, selbst wenn er meinte, starke Argumente dafür zu haben. Er zögerte und schwankte, während einige seiner Kollegen gewöhnlich mit dem größten Selbstvertrauen der Welt das Erste sagten, was ihnen durch den Kopf schoss. Und schließlich, wenn er es geschafft hatte, irgendetwas von sich zu geben, kam er doch kaum bis zum

Ende des zweiten Satzes, bevor ihm ein weiterer Aspekt einer Sache bewusst wurde, den er übersehen hatte. Seine Argumentation endete häufig in sprachlosem Schweigen (in Joh 7,45-52 kann man ein konkretes Beispiel dafür sehen). Daher genoss er Diskussionen und Debatten so sehr, allerdings nur, solange er sich nicht zu irgendeiner Ansicht bekennen und danach handeln musste. Warum konnte man sich nicht für den Eintritt in Gottes Reich dadurch qualifizieren, dass man seine Theologie gut beherrschte? Er selbst kannte doch alle theologischen Systeme, die es gab, und konnte deren Stärken und Schwächen darstellen.

Doch warum sollte man sich an eines davon völlig ausliefern, indem man fest daran glaubt, wie dieser junge Mann zu meinen scheint? Und überhaupt, wer war denn dieser junge Mann, der so mit ihm sprach? Er wirkte so überzeugt, so dogmatisch. Und schon wieder sagte er: „Wahrlich, wahrlich, ich sage dir." Das war nun schon das dritte Mal, dass er diesen Ausdruck in der Unterhaltung verwendet. Es war eine Sache, wie Nikodemus anzuerkennen, dass er ein von Gott gesandter Lehrer war; aber da waren andererseits all die anderen Lehrer, die er in den theologischen Schulen kennengelernt hatte (und er hatte einige hochberühmte Lehrer kennengelernt) und alle sprachen so sehr demütig und sagten höchst selten etwas, für das sie nicht die Autorität eines früheren Rabbis zitieren konnten. Und hier stand ein junger Mann, der noch keine rabbinische Autorität zitiert hatte, und stattdessen immer wieder dieses konstante und selbstsichere „wahrlich, wahrlich, ich sage dir" vorbrachte. Hatte er, Nikodemus, ein gelehrter Rabbi und Senior-Professor an der Hohen Schule, es nötig, diesem jungen Mann alles zu glauben, nur weil er es sagte?

„Ja, genau so musst du glauben", sagt Christus, „wenn du jemals etwas über himmlische Dinge erfahren willst; denn kein

Mensch ist in den Himmel hinaufgestiegen, als der, der aus dem Himmel herabgestiegen ist, der Sohn des Menschen. Darum kann auch nur er allein etwas über himmlische Dinge sagen, und die einzige Möglichkeit, etwas darüber zu erfahren, ist, diesem Menschensohn zu vertrauen" (siehe Joh 3,12-13). Und dies kann auch gar nicht anders sein. Die Theologie beanspruchte schließlich, die Lehre von Gott zu sein. Aber Gott ist kein philosophisches oder theologisches System, über das man debattieren kann, sondern eine Person, der man vertrauen muss. Tatsächlich gibt es keinen anderen Weg, eine Person im wahrsten Sinne des Wortes kennenzulernen, als wenn man ihr vertraut. Und das eigentliche Problem des Menschen ist nicht, dass wir nicht genug *wissen*, sondern dass wir Gott nicht *vertrauen*. Mit Eva fing alles an, als sie verführt wurde, Gottes Wort zu misstrauen, und damit auch ihm selber (1Mo 3). Und wir sind alle dem gleichen Irrweg gefolgt und sind verloren gegangen. Wenn wir jemals gerettet werden sollten, dann nicht durch die Lösung irgendwelcher theologischer Probleme zu unserer eigenen intellektuellen Befriedigung, sondern dadurch, dass wir dahin gebracht werden, Gott zu glauben und ihm zu vertrauen. Auch geht es nicht darum, ob die dogmatische Behauptung des einen Theologen richtiger ist als die Ansichten anderer. Vielmehr geht es darum, dass Gott selbst als Sohn des Menschen vom Himmel „herabgekommen ist", um mit uns Menschen zu reden und uns auf diese Weise zum Glauben an ihn selbst zu führen. Ihm nicht zu glauben, ist weder das Zeichen eines toleranten Geistes noch eines hochgebildeten Intellekts, es ist die Hauptsünde gegen den Intellekt, weil sie eine fundamentale Sünde gegen Gott ist, der den Intellekt erschaffen hat. Und wer so etwas Toleranz nennt, könnte ebenso gut einen Mann für seine Toleranz loben, weil er seiner Frau nicht allzu sehr vertraut und sie nicht vorbehaltlos liebt. Nicht an Gott zu glauben ist das schlimmste und wirkungsvollste Gift, das jemals die menschliche Persönlichkeit angegriffen und ihr Leben zerstört hat.

Sieh und lebe!

„Nikodemus“, sagte Jesus, „erinnerst du dich an das Ereignis in der Wüste, als Gott Mose befohlen hat, eine Schlange aus Bronze zu machen, sie an einer Stange zu befestigen, diese an einem zentralen Ort aufzustellen und allen zu befehlen, diese Schlange anzublicken?“ Ja, daran erinnerte er sich gut; denn das wird im 4. Buch Mose berichtet.

Das war einer jener Momente in der Wüste, als Israel sich verirrt hatte. Nicht geografisch verirrt: Sie wussten immer noch, dass, wenn sie in südwestlicher Richtung zurückliefen, sie wieder nach Ägypten kamen. Und genauso: Wenn sie weiter in Richtung Norden gingen, würden sie nach Kanaan kommen. Aber sie hatten sich trotzdem verlaufen; denn sie hatten die Reise durch die Wüste unter dem Eindruck begonnen, dass es sich nicht nur um eine geografische Reise handelte. Es gab ja Tausende von Sippen in jenen Tagen, die ziemlich ziellos von Ort zu Ort wanderten. Manche deshalb, weil sie von andern verjagt wurden, oder sie reisten in der Hoffnung, neue und bessere Weideplätze zu finden. Israel aber hatte gewagt zu glauben, dass ihre Reise nicht nur ein solches Herumwandern war, sondern dass sie von Gott zu dem Land geführt wurden, das er ihnen verheißen hatte.

Doch unterwegs begannen sie, an Gott zu zweifeln. Sie zweifelten an seiner Liebe, stellten seine Weisheit infrage und schließlich gar seine Existenz; aber das bedeutete auch, dass nun der gesamte Sinn ihrer Reise fragwürdig geworden war. War es eine von Gott geleitete Pilgerreise zu einem göttlich festgelegten Ziel? Oder war es nur eine Wüstenwanderung? Warum hatten sie überhaupt jemals Ägypten verlassen, um an dieser verrückten Expedition teilzunehmen? In solch einer Situation waren Zweifel und Unglaube nicht die klugen Variationen eines anderen theologischen Modells; sie waren Gift, das die gesamte Nation verseuchte und seine Moral zersetzt hatte und ins Verderben führte. Sie mussten dazu gebracht werden, den Ernst der Lage zu erkennen. Indem Gott die Strafe dem Vergehen anpasste, sandte er feurige Schlangen unter sie; und viele starben, die von deren Giftzähnen gebissen wurden. Wenn sie nicht zum Glauben zurückgeführt werden konnten, musste das Unheil über das ganze Volk hereinbrechen. Darum gab Gott diesen eigenartigen Befehl: Eine eherne Schlange wurde an einem Pfahl erhöht, und der Ruf drang durchs ganze Lager, die Leute hätten nur auf die Schlange zu blicken, und die es taten, wurden geheilt und blieben am Leben (4Mo 21).

Die Lebensreise

Die Geschichte von den feurigen Schlangen ist auch für uns interessant; denn in gewisser Weise gleicht unser aller Leben einer Reise. Die Frage ist nur, welche Art Reise wir machen. Die Bibel sagt, es gehe in ein verheißenes Land; aber viele Menschen haben allen Glauben an jenes verheißene Land verloren, weil sie den persönlichen Glauben an den Gott des verheißenen Landes verloren haben oder nie hatten. Sie sind zu Zynikern in Bezug auf das Leben geworden: man muss zusehen, in dieser jämmerlichen Wüste das beste Stückchen Weideland zu ergattern, und wenn's zu Ende geht, na, dann war's das.

Aber Nikodemus hörte fasziniert zu. Der junge Prophet kannte seine Bibel; doch welche Schlüsse zog er nun? Ja, es war Teil des inspirierten Berichtes, dass die Vorväter vor langer Zeit gesündigt hatten und gefährlich nahe daran waren, in der Wüste gänzlich umzukommen und das verheißene Land überhaupt nicht mehr zu erreichen. Wollte er damit suggerieren, dass auch er, Nikodemus, ein solcher Sünder war, der in gleicher Weise in Gefahr stand, das Reich Gottes niemals zu erreichen? Doch sicher nicht! Natürlich, er war ein Sünder – jeder war einer; aber bestimmt nicht ein solcher Sünder, dass er sich ernsthafte Gedanken machen müsste, ob er überhaupt jemals ins Reich Gottes kommen würde. Ja, ja, Jesus hatte vorher schon gesagt: „Wahrlich, wahrlich, ich sage dir: Wenn jemand nicht von Neuem geboren wird, kann er das Reich Gottes nicht sehen." Aber hatte er das in einem absoluten Sinn gemeint?

„Sieh doch!", sagte Nikodemus zu sich selbst, „ich weiß, dass ich nicht sagen kann, ich sei irgendwann von Neuem geboren, so wie er es formuliert. Aber das bedeutet doch nicht, dass ich auf dem Weg ins Verderben bin, wie er anscheinend meint!"

Darüber hatte Nikodemus bisher noch nie nachgedacht. Er hatte seine Theologie immer ernst genommen; aber irgendwie war ihm als Berufstheologen verborgen geblieben, wie unermesslich wichtig wahre Theologie ist. Theologe zu sein hatte ihm irgendwie das Gefühl gegeben, dass er, wenn auch nicht perfekt, so doch ganz gut aufgestellt war im Blick auf den Himmel und Gottes Reich, oder wie immer man es nennen mag. Als ob etwa ein Arzt, der sich mit Medizin auskennt, nicht krank werden oder sterben könnte. Wie schwierig hatte dieser junge Prophet plötzlich alles erscheinen lassen! Nicht wiedergeboren, ein Ungläubiger und jetzt auch noch ein Sünder auf dem Weg ins Verderben, das war doch einfach zu viel. Er hatte immer sein Bestes gegeben – wie konnte man von ihm immer noch mehr verlangen?

„Nikodemus“, sagte Christus, „ist diese Geschichte nicht bemerkenswert für die Art und Weise, wie Gott das Volk vor dem Untergang rettete? Es war doch nicht viel, was er von ihnen forderte, oder? Sie konnten ja auch nicht viel tun. Rasendes Fieber und beginnende Lähmung hatten sie völlig hilflos gemacht; aber sie brauchten ja auch nur auf die eherne Schlange an dem Pfahl aufzublicken. Sie mussten noch nicht einmal genau verstehen, wie ihnen das helfen könnte – alles, was sie tun sollten, war hinzusehen. Und einige machten das in ihrer nackten Verzweiflung tatsächlich und wurden im gleichen Augenblick geheilt und konnten ein neues Leben beginnen. Nikodemus, diese Geschichte ist genauso eine Weissagung, wie sie ein Stück alter Geschichte ist. Wenn du gerettet werden willst, musst auch du zu diesem Glauben gelangen.“ Die Frage ist nur: Wie? Man kann sich nicht selbst gläubig machen; aber glauben muss man – sonst kommt man um.

„Aber Nikodemus, Gott hat doch schon angefangen, etwas gegen deine verzweifelte Not zu tun. Der Sohn des Menschen ist bereits vom Himmel herabgekommen, und bald muss er – wie jene Schlange – erhöht werden, damit jeder, der an ihn glaubt, ewiges Leben hat. Er wird das riesige Problem der Sünde der Welt und ihres Unglaubens auf sich nehmen und die Strafen dafür und ihre Konsequenzen in vollem Umfang erdulden, bis sozusagen kein Gift mehr übrig ist – genauso wenig wie sich noch Gift in jener ehernen Schlange befand, nachdem sie durch das schmelzende Feuer gegangen war. Allen, die glauben, wird neues Leben gegeben. Sie werden Anteil an dem neuen Leben bekommen, das er ermöglicht hat, und dieser Glaube ist nicht die schwierige Sache, für die du sie hältst. Du wirst merken, dass er einfach dadurch entsteht, dass du deine Augen von dir selbst und von deinen Anstrengungen und Verdiensten abwendest und einzig auf den erhöhten Sohn des Menschen schaust. Mache es, wie du gehört hast, Nikodemus. Blicke auf den Sohn des Menschen, der für dich erhöht wird, und wenn du hinblickst, so wirst du entdecken, dass der Glaube in deinem Herzen entsteht" (siehe Joh 3,14-15).

Neue Geburt – neue Sichtweise

Bald darauf endet das Gespräch, doch wann es im Text genau aufhörte, kann man heute nicht mehr sicher feststellen. In 3,16-21 hat Johannes etliche Erklärungen hinzugefügt. Einige von ihnen mag Jesus selbst während seiner Unterhaltung mit Nikodemus gegeben haben. Andere wurden um unsertwillen eingefügt (im Licht von Christi Tod, Auferstehung und Himmelfahrt), um einige der Ausdrücke näher zu erläutern, die Nikodemus vor der Kreuzigung nicht vollkommen verstehen konnte, die ihm aber unmittelbar nach diesem Ereignis deutlich wurden.

Denn er kam tatsächlich zum Glauben: der berühmte Theologe wurde schließlich von Neuem geboren. Das können wir aus dem schließen, was er nach dem Kreuzestod Jesu zusammen mit Josef von Arimathäa tat, der genauso wie er ein Mitglied des Synedriums war. Josef hatte deren Beschluss nicht zugestimmt, und als er sah, dass sie Christus gekreuzigt hatten, nahm er seinen ganzen Mut zusammen und trat vor Pilatus und bat um den Leichnam Jesu (Lk 23,50-52). Zusammen mit Nikodemus bereitete er das Begräbnis Christi vor (Joh 19,38-42).

Was für ein Theologe muss er nach seiner Wiedergeburt geworden sein! Zuvor bestand seine Hauptschwierigkeit darin, dass seine Theologie aus nichts als Theorie bestand: Sie war nichts anderes als eine Philosophie für den Kopf, nicht die Hinführung zu einem Gott, der ihn persönlich liebte und ihn suchte und wollte, dass er ihm ganz persönlich vertraute. In jener Zeit war Gott so weit entfernt und glich eher einer Reihe von Behauptungen oder einer mathematischen Formel; doch dann kam der Tag, an dem er den Sohn Gottes am Kreuz hängen sah, und auch er hatte zu ihm aufgeblickt. Plötzlich muss ihm klar geworden sein, was hier geschah. Diese wirkliche, lebendige Person da an dem Kreuz war der Sohn Gottes. Er hatte es nicht verdient, so zu sterben. Zu der Zeit wusste Nikodemus genügend über ihn, um den Gekreuzigten für ganz und gar unschuldig zu halten. Aber warum hing er dann dort? War es deshalb, weil er Gott egal war? Und dann erkannte er es mit überwältigender Klarheit: Nein! Er hing an dem Kreuz, gerade weil sich Gott kümmerte. Christus litt unsagbar unter der Strafe für Nikodemus' Sünden. All die Sünden, die Nikodemus' Geist vergiftet und seinen Glauben zerstört hatten. Er hing am Kreuz und liebte Nikodemus trotzdem noch. Er litt, um ihm Glauben zu schenken. Diese Erkenntnis muss Nikodemus umgehauen und sein Herz zu Christus gezogen haben. Er musste sich nicht einmal mehr bemühen zu glauben. Er glaubte; denn völlig ohne Zweifel war hier Gott selbst am Werk, eben der Gott, der die Welt so geliebt hat, dass er seinen eigenen Sohn gab, damit jeder, der an ihn glaubt, nicht verloren geht, sondern ewiges Leben hat (3,16).

Er dachte zurück an jene erste Nacht und an sein Gespräch mit Christus. Wie falsch waren doch manche seiner Eindrücke. Als

Christus andeutete, er sei nicht wiedergeboren, und ihm sagte, er sei ein Ungläubiger, und ihn schließlich davor warnte, verloren zu gehen, da schien es ihm, dass Christus nichts anderes tat, als ihn auf Schritt und Tritt zu kritisieren und pessimistisch zu verurteilen. Dabei handelte Christus nur wie ein Arzt, der Krebs bei einem Menschen diagnostiziert. Es war nur der erste notwendige und liebevolle Schritt in dem Prozess der Aufdeckung des Problems, damit Heilung geschehen konnte. Das war jetzt klar, als er auf Christi Kreuz blickte. Natürlich hatte Gott seinen Sohn nicht in die Welt gesandt, um sie zu verdammen, sondern damit sie durch ihn gerettet wird (3,17). Was für ein wunderbarer Gedanke, dass er, Nikodemus, jetzt niemals mehr verdammt werden würde, und dass er sich dessen ewig sicher sein konnte, ohne jeden Zweifel.

Alles war so logisch. Wie eigenartig kam es Nikodemus jetzt vor, dass er anfangs, nachdem Christus so auf dem Glauben bestanden hatte, angenommen hatte, Glaube sei eine Eigenleistung, zu der man sich zwingen muss, selbst wenn alle Vernunft und alles Denken dem widersprächen. Jetzt aber, nachdem er Gott erkannt hatte und sah, was Gottes Liebe für ihn in Christus getan hatte, hatte er keine Schwierigkeiten mehr zu glauben – genauso wie ein kleines Kind seiner Mutter vertraut, die es in ihren Armen hält. Selbstverständlich war er gerettet! Gott liebte ihn; Christus war für ihn gestorben, um Nikodemus' Sünden und sein Urteil zu tragen. Würde derselbe Jesus eines Tages wiederkommen und ihn trotzdem verurteilen? Es wäre absurd, über eine solche Möglichkeit auch nur nachzudenken. Und wenn er es doch täte, würde ein erneuter Blick auf das Kreuz ausreichen, um solche Zweifel zu zerstreuen. „Wer an ihn glaubt, wird nicht gerichtet" (3,18).

Was damit zusammenhängt, ist genauso logisch. Damals hatte er Christus für zu streng gehalten, als dieser sagte, Ungläubige würden verloren gehen, aber wie könnte es anders sein? Er war zu der Erkenntnis gekommen, dass Christus der eingeborene Sohn Gottes ist und nicht nur ein Rabbi. Nikodemus mag später gedacht haben: „Wie konnte ich ihn nur bei unserer ersten Begegnung so nennen …!" Denn er ist nicht nur ein Lehrer, der gekommen ist, uns für unsere Abschlussexamen am Tage des Gerichts vorzubereiten. Christus ist selbst die letzte Prüfung; über ihn hinaus sind keine weiteren Prüfungen zu erwarten. Er ist der Mensch gewordene Gott. Wer ihm und seiner Liebe traut, hat alle Prüfungen bestanden. Lehnst du es ab, ihm zu vertrauen, dann ist es einerlei, was du sonst noch unternimmst, du hast bereits alles verloren. Wer an ihn glaubt, wird nicht gerichtet; wer aber nicht glaubt, ist schon gerichtet, weil er nicht an den Namen des eingeborenen Sohnes Gottes geglaubt hat (3,18).

Ein Problem war noch zu lösen

Es gab noch ein Problem: Was war mit allen seinen Kollegen in den theologischen Schulen? Sie waren eine ernst zu nehmende Truppe, und die meisten von ihnen nahmen ihre Aufgabe genauso ernst, wie er es selbst getan hatte. Außerdem arbeiteten sie hart an ihrer Theologie, und er wusste auch von einigen, die in aller Stille viel Geld für die Armen gaben und auch andere vortreffliche Dinge taten. Galten alle diese guten Werke absolut gar nichts? Und was war mit den Abertausenden, die noch gar nichts von Christus gehört hatten? Ja, es gab ein Problem! Aber es gab dafür auch eine Antwort. Gottes Urteil lautet so: „Dies aber ist das Gericht, dass das Licht in die Welt gekommen ist, und die

Menschen haben die Finsternis mehr geliebt als das Licht, denn ihre Werke waren böse“ (3,19).

Das bedeutet nicht, dass alle Menschen so wären. Aber alle, die von Christus hören und sich dann weigern, ihm zu folgen, zeigen durch diese Ablehnung die wirkliche Natur ihrer Werke, wie auch immer sie äußerlich erscheinen. Ihre Werke sind dann böse, im Unglauben und in Unabhängigkeit von Gott getan. Christus ist der Mensch gewordene Gott, und wenn diejenigen, die solche Werke aufrichtig tun, um Gott zu gefallen, von ihm hören, dann werden sie auch zu ihm kommen und ihm vertrauen. Er ist der Prüfstein.

Gott kennt natürlich die Herzenshaltung aller Menschen, die niemals Christus gesehen oder von ihm gehört haben. Es war für Christus nicht nötig, in die Welt zu kommen, um das zu erfahren; aber es war aus einem anderen Grund nötig. Es war nötig, damit wir Menschen das letzte und entscheidende Kriterium kennen, damit wir uns danach richten können. Damit wir wissen, wo wir schon lang vor diesem Urteilstag selbst stehen. Und dieses letzte Kriterium ist: Was machen wir mit Christus, der das Licht der Welt ist?

„Wer Böses tut, scheut das Licht. Er kommt nicht ans Licht, damit seine Taten nicht aufgedeckt werden. Wer sich aber nach der Wahrheit richtet, tritt ans Licht, denn so wird sichtbar, dass sein Tun in Gott gegründet ist“ (3,20-21).

Ja, es gab da noch Probleme. Der Glaube hat die Notwendigkeit für Theologen nicht beseitigt, also für Menschen, die das durchdenken können, was Gott in Christus getan und was der Heilige Geist dazu gesagt hat. Nikodemus würde nicht arbeitslos werden. Aber über einen Gott nachzudenken, den man persönlich kennt und über die Aussagen eines Gottes zu sinnen, von dem man weiß, dass er uns – und die ganze Welt – liebt, nun, das ist eine völlig andere Art von Theologie als das, was er bisher betrieben hat. Nikodemus gehörte jetzt zum Reich Gottes, und er konnte es sehen. Und es ist immer besser, etwas zu studieren, was man sehen kann.

DIE VIERTE GESCHICHTE

Von SCHEIN-FRÖMMIGKEIT *zum* WAHREN MESSIAS

Von der Frau, die genau zuhörte, als Jesus mit ihr sprach

Als nun der Herr erkannte, dass die Pharisäer gehört hatten, dass Jesus mehr Jünger machte und taufte als Johannes – obgleich Jesus selbst nicht taufte, sondern seine Jünger –, verließ er Judäa und zog wieder nach Galiläa.

Er musste aber durch Samaria ziehen. Er kommt nun in eine Stadt Samarias, genannt Sychar, nahe bei dem Feld, das Jakob seinem Sohn Josef gab. Es war aber dort eine Quelle Jakobs. Jesus nun, ermüdet von der Reise, setzte sich ohne Weiteres an die Quelle nieder. Es war um die sechste Stunde.

Da kommt eine Frau aus Samaria, Wasser zu schöpfen. Jesus spricht zu ihr: Gib mir zu trinken! – Denn seine Jünger waren weggegangen in die Stadt, um Speise zu kaufen. –

Die samaritanische Frau spricht nun zu ihm: Wie bittest du, der du ein Jude bist, von mir zu trinken, die ich eine samaritanische Frau bin? – Denn die Juden verkehren nicht mit den Samaritern. –

Jesus antwortete und sprach zu ihr: Wenn du die Gabe Gottes kenntest und wüsstest, wer es ist, der zu dir spricht: Gib mir zu trinken!, so hättest du ihn gebeten, und er hätte dir lebendiges Wasser gegeben.

Die Frau spricht zu ihm: Herr, du hast kein Schöpfgefäß, und der Brunnen ist tief. Woher hast du denn das lebendige Wasser? Du bist doch nicht größer als unser Vater Jakob, der uns den Brunnen gab, und er selbst trank daraus und seine Söhne und sein Vieh?

Jesus antwortete und sprach zu ihr: Jeden, der von diesem Wasser trinkt, wird wieder dürsten; wer aber von dem

Wasser trinken wird, das ich ihm geben werde, den wird nicht dürsten in Ewigkeit; sondern das Wasser, das ich ihm geben werde, wird in ihm eine Quelle Wassers werden, das ins ewige Leben quillt.

Die Frau spricht zu ihm: Herr, gib mir dieses Wasser, damit mich nicht dürstet und ich nicht hierher komme, um zu schöpfen.

Er spricht zu ihr: Geh hin, rufe deinen Mann und komm hierher!

Die Frau antwortete und sprach zu ihm: Ich habe keinen Mann. Jesus spricht zu ihr: Du hast recht gesagt: Ich habe keinen Mann; denn fünf Männer hast du gehabt, und der, den du jetzt hast, ist nicht dein Mann; hierin hast du wahr geredet.

Die Frau spricht zu ihm: Herr, ich sehe, dass du ein Prophet bist. Unsere Väter haben auf diesem Berg angebetet, und ihr sagt, dass in Jerusalem der Ort sei, wo man anbeten müsse.

Jesus spricht zu ihr: Frau, glaube mir, es kommt die Stunde, da ihr weder auf diesem Berg noch in Jerusalem den Vater anbeten werdet. Ihr betet an, was ihr nicht kennt; wir beten an, was wir kennen, denn das Heil ist aus den Juden. Es kommt aber die Stunde und ist jetzt, da die wahren Anbeter den Vater in Geist und Wahrheit anbeten werden; denn auch der Vater sucht solche als seine Anbeter. Gott ist Geist, und die ihn anbeten, müssen in Geist und Wahrheit anbeten.

Die Frau spricht zu ihm: Ich weiß, dass der Messias kommt, der Christus genannt wird; wenn jener kommt, wird er uns alles verkündigen.

Jesus spricht zu ihr: Ich bin es, der mit dir redet.

Und darüber kamen seine Jünger und wunderten sich, dass er mit einer Frau redete. Dennoch sagte niemand: Was suchst du? Oder: Was redest du mit ihr?

Die Frau nun ließ ihren Wasserkrug stehen und ging weg in die Stadt und sagt zu den Leuten: Kommt, seht einen Menschen, der mir alles gesagt hat, was ich getan habe! Dieser ist doch nicht etwa der Christus? Sie gingen zu der Stadt hinaus und kamen zu ihm.

Johannes 4,1-30

Gottloser, religiöser Hass

Es gibt keinen Hass, der so diabolisch ist wie religiöser Hass, und kein Skandal ist betrüblicher, als wenn Menschen, die vorgeben, den gleichen Gott anzubeten und derselben Bibel zu glauben, aufgrund ihrer Religion in offener Feindschaft leben. Doch genau so stand es zwischen Juden und Samaritern zur Zeit, als unser Herr auf der Erde war. Die Juden beteten Jahwe an, und die Samariter bekannten, dasselbe zu tun. Die Samariter akzeptierten die fünf Bücher Mose als das inspirierte Wort Gottes, genauso wie die Juden. Und doch lebten sie seit Hunderten von Jahren in unversöhnlichem Hass gegeneinander. Es gab nur einige kurze Perioden, in denen diese gegenseitige Ablehnung ein wenig abflaute.

Wie so oft in solchen Fällen lagen die Ursachen des Problems in der religiösen und politischen Geschichte vergangener Jahrhunderte. Nach 2. Könige 17,22-41 besiedelten die Assyrer das Land Samaria mit Leuten aus der Gegend von Babylon, nachdem sie die Bürger des israelitischen Zehnstämmereichs dorthin deportiert hatten. Diese aus Babylon stammenden Leute wurden dann von einem israelitischen Priester gelehrt, Jahwe anzubeten. Aber der von ihnen praktizierte Jahwe-Gottesdienst vermischte sich auf schlimmste Weise mit der Götzenverehrung ihrer eigenen heidnischen Religionen. „So fürchteten diese Nationen den HERRN und dienten zugleich ihren Götterbildern“, wie es der Geschichtsschreiber festgehalten hat (V. 41).

Nach der Rückkehr der Juden aus dem babylonischen Exil widerstanden die Samariter dem Bau des Tempels und der Stadtmauern Jerusalems (Esr 4,7-16) und errichteten schließlich in direktem Ungehorsam gegen die Bibel auf dem Berg Garizim einen eigenen Tempel. Man kann verstehen, dass die Juden sie nicht mochten. Aber die Juden – obwohl formal korrekt – waren nicht weniger heuchlerisch. Die Rivalität zwischen den beiden Heiligtümern nahm um das Jahr 129 v. Chr. solche Ausmaße an, dass der jüdische König Johannes Hyrkanus die Stadt Sichem eroberte und den Tempel der Samariter zerstörte. Das aber ließ das Feuer des Fanatismus nur noch heftiger auflodern.

Um die Jahre 6–9 n. Chr. hören wir von einem neuen Wutausbruch, diesmal vonseiten der Samariter gegen die Juden. Die Ursache für diese Rache ist unbekannt. Während der Nacht verstreuten sie menschliche Gebeine in den Tempelvorhallen und im gesamten Heiligtum.[4] Für Menschen, die glauben, dass Totengebeine zeremoniell verunreinigen, war das eine scheußliche Entweihung. Später, so erfahren wir, wurden im Jahr 52 n. Chr. jüdische Pilger aus Galiläa, die auf dem Weg nach Jerusalem waren, um dort ein religiöses Fest zu feiern, an der samarischen Grenze von Samaritern angegriffen, wobei einer oder auch mehrere starben. Die Juden rächten sich durch einen Rache-Angriff auf einige Samariter-Dörfer.[5]

In ihrem religiösen Glauben und Bräuchen unterschieden sich die Samariter von den Juden (abgesehen von ihrer Verehrung des Heiligtums auf dem Berg Garizim) darin, dass sie vom Alten Testament nur die fünf Bücher Moses – den Pentateuch – anerkannten. Sie hielten sich peinlich genau an den Pentateuch, mit Ausnahme der Zeremonien, die mit dem jüdischen Tempel verbundenen waren. Großen Wert legten sie auf ihren Anspruch, Nachkömmlinge der jüdischen Patriarchen zu sein,

---

4 Josephus, *Jüdische Altertümer*, 18.29.

5 Josephus, *Jüdischer Krieg* 2.232-46; *Jüdische Altertümer* 20.118-36.118-36.

was wiederum die Juden bestritten. Bei allem, was Religion und Gottesverehrung anging, betrachteten die Juden die Samariter als Heiden. Sie hielten sie für durch und durch unrein, die auch andere verunreinigten. Das bedeutete u. a., dass ein Jude niemals dieselben Geräte wie ein Samariter zum Kochen oder Essen benutzen würde. Ganz allgemein gesprochen, wollte man so wenig wie möglich mit ihnen zu tun haben.

Und auch wenn alles ziemlich ruhig aussah, so gehörte doch nur wenig dazu, Rachegedanken gegen die Samariter neu aufflammen zu lassen. Bei einer Gelegenheit, als unserem Herrn und seinen Jüngern auf dem Weg nach Jerusalem in einem Dorf der Samariter ein Nachtquartier verweigert wurde, verstiegen sich zwei der Apostel zu der absurden Idee, man solle Feuer vom Himmel auf das Dorf fallen lassen (Lk 9,51-56). Christus tadelte seine Jünger für ihren Fanatismus und akzeptierte ganz ruhig diese Abfuhr durch die Samariter, indem er in einem anderen Dorf übernachtete.

Die Bezeichnung „Samariter“ war eines der verletzendsten und beleidigendsten Schimpfwörter, die man einem Juden an den Kopf werfen konnte. Als Christus einmal etwas gesagt hatte, was sie ärgerte, schlugen sie wütend zurück: „Sagen wir nicht recht, dass du ein Samariter bist und einen Dämon hast?“ (Joh 8,48).

Das ist eine ganz traurige Geschichte, und sie wird auch nicht weniger traurig dadurch, dass sich der gleiche heuchlerische und fanatische Hass seither viele tausend Male im Christentum gezeigt hat. All das lehrt uns besonders eines: Selbst wenn man den Namen Gottes oder Christi verwendet und man mit jüdischen oder christlichen Sakramenten und Symbolen hantiert, so ist Religion genauso wenig ein Zeichen dafür, dass ihre Anhänger wiedergeboren sind, wie Politik oder Kommerz ein Zeichen dafür sind, dass solche, die sich damit beschäftigen, wiedergeboren sind. Das Verhalten mancher Politiker ist höchst ehrenhaft und entspringt den höchsten Motiven, andere sind Schurken. Aber die Tatsache, dass sich eine Person als Politiker betätigt, selbst wenn er zu den Besseren gehört, ist gewiss kein Zeichen dafür, dass er wiedergeboren ist. Und das Gleiche gilt für die Religion. Kein Mensch ist von Natur aus heilig; aber alle sind von Natur aus religiös. Der wildeste und mörderischste Kopfjäger ist gewöhnlich religiös und sucht ergeben die Hilfe seiner Götter, bevor er daran geht, seine Feinde zu vergiften oder die Menschen aus dem Nachbarstamm in ihren Betten zu erschlagen. Doch seine religiöse Ergebenheit ist ganz bestimmt kein Zeichen dafür, dass dieser Mensch wiedergeboren ist. Bevor Constantin der Große bekannte, sich zum Christentum bekehrt zu haben, schlachtete er seine Feinde im Namen seiner Heidengötter ab. Seine sogenannte Bekehrung bedeutete, dass er fortfuhr, seine Feinde abzuschlachten, nur jetzt im Namen Christi. Auch da gab es also bemerkenswert wenige Beweise für Wiedergeburt, aber eine große Menge an Missverständnissen und demzufolge eine Menge von Falschdarstellungen dessen, was Christentum in Wirklichkeit ist. Und das Traurigste von allem ist, dass diese Falschdarstellungen für viele Menschen die einzige Art von Christentum sind, die sie kennen. Wenn ihr Leben gut verläuft, sind sie froh, nichts damit zu tun zu haben, und wenn es schlecht läuft, hat es ihnen ohnehin nichts zu bieten. So verwerfen sie es gänzlich. Wie schwierig ist es, sie nur zu der Überlegung zu bringen, es könnte anders sein. Aber so schwierig es auch ist, es ist nicht unmöglich. Schauen wir uns an, wie der Meister selbst es machte.

Christus wählte Samaria

Als Christus Judäa verließ, um nach Galiläa zu gehen, entschied er sich, durch Samaria zu ziehen. Der Text sagt, er *musste* es tun (4,4); aber diese Notwendigkeit war nicht geografischer Art; denn er hätte den Jordan schon im Süden überqueren und an der Ostseite entlangreisen können, um dann nördlich von Samaria wieder über den Jordan zurück nach Galiläa zu gehen. Die Notwendigkeit muss irgendwo anders gelegen haben. Sie lag tatsächlich in seiner Liebe zu den Samaritern. Sie waren genauso wie die Juden seine Geschöpfe. Einige waren durch das Leben gezeichnet; alle aber brauchten Erlösung. Ihr religiöser Eifer und ihr zähes Festhalten an ihren Traditionen konnten ihnen weder Frieden mit Gott noch Erfüllung bei ihren Gottesdiensten bringen.

Sie alle mussten die Gabe Gottes kennenlernen, um zu entdecken, was es bedeutet, den Vater in Geist und Wahrheit anzubeten. Die Frage war, wie Christus ihre Herzen erreichen konnte. Da war es nutzlos, sich an einem öffentlichen Platz hinzustellen und zu predigen. Mit einem jüdischen Prediger würde man in Samaria schnell kurzen Prozess machen. Darum fand er mit dem Einfallsreichtum der Liebe taktvoll einen anderen Weg.

Die Frau, die zum Brunnen kam

Müde von der Reise kam er mitten am Tag in Sychar an und setzte sich an den Brunnenrand. Es war brütend heiß, und nur wenige Leute waren unterwegs. Die Jünger waren fortgegangen, um Speise zu kaufen, während höchstens einige Schafhirten zu dieser Zeit mit ihren Herden zum Wasser kamen (siehe 1Mo 29,7). Die Frauen des Dorfes würden erst Wasser holen, wenn die schlimmste Hitze des Tages vorüber war.

Plötzlich waren Fußtritte zu hören. Er hatte sie schon erwartet und wusste auch, warum sie zu so ungewöhnlicher Stunde kam. Das Leben dieser Frau war traurig und enttäuschend verlaufen. Sie hatte fünf Ehemänner gehabt, und der Mann, mit dem sie jetzt zusammen war, war nicht ihr Ehemann. Es wird uns nicht berichtet, warum sie so viele Männer gehabt hat. Der Tod mag einige weggenommen haben. Aber Ehescheidung war in jenen Tagen auch allzu einfach für einen Mann. Doch ihr Verlangen nach Gemeinschaft und ihre Sehnsucht nach Nähe waren überwältigend. Sie musste jemand haben, auch wenn er nicht ihr Ehemann war. Vielleicht war dieser Mann bereits mit einer anderen verheiratet, dann lebte sie tatsächlich im Ehebruch. Oder vielleicht hatte sie trotz ihrer Sehnsucht nach Nähe diesmal Angst, sich auf eine so feste Bindung wie eine Ehe einzulassen, weil sie schon zu oft brutal gebrochen worden war.

Und doch war das Leben mit einem Mann, der nicht ihr Ehemann war, eine unbefriedigende Angelegenheit, die ihr keine emotionale Sicherheit verlieh. Es führte zur Trennung von allen ihren Freunden. Wann immer sie jetzt auf die Straße ging, blickten die anderen stets in die andere Richtung, bis sie vorübergegangen war. Dann spürte sie, wie deren Augen ihr folgten. Kam sie dann zum Brunnen, wenn die anderen Frauen auch dort waren, so gingen diese wortlos fort und standen danach in kleinen Gruppen beieinander, bis sie fortgegangen war. Sie ahnte, was da hinter vorgehaltener Hand geflüstert wurde. Aber sie musste natürlich zum Brunnen kommen; der Durst konnte nicht verleugnet werden, Wasser ist lebensnotwendig. Doch sie zog es vor, sich von den Leuten, so gut es ging, fernzuhalten, und darum kam sie zu dieser einsamen Stunde.

Sie erschrak ein wenig, als sie einen Mann am Brunnen sitzen sah; aber er gehörte nicht zu den Männern des Ortes. So viel sie erkennen konnte, war er ein völlig Fremder und ein Jude dazu. Der würde sie nicht kennen, noch etwas über sie wissen. So trat sie an den Brunnen und begann zu schöpfen.

Doch er kannte sie. Da gab es nichts, was er nicht über sie wusste. Er kannte ihre Sehnsüchte und ihr Verlangen; er wusste um ihre bitteren Enttäuschungen und ihre Mutlosigkeit; er wusste, wie oft sie vom Leben betrogen worden war. Und was noch wichtiger war: er wusste, dass sich ihre Religion als hohl und leer erwiesen hatte, überhaupt nicht hilfreich, sondern ganz und gar unbefriedigend – trotz all der samaritanischen Traditionen. Und so, wie sie jetzt über Religiöses dachte, war es für sie kaum vorstellbar, dass dies auf irgendeine Weise ihre Wunden hätte heilen können, damit ihr Herz zur Ruhe fand. Er musste also die Religion umgehen, um zu ihrem Herzen zu gelangen. Wenn es möglich wäre, dass sie durch den Glauben Erfüllung finden könnte, dann würde die Veränderung in ihrem Leben so deutlich sein, dass die gesamte samaritanische Dorfgemeinschaft es merken würde. Und das wiederum könnte für viele andere dann der Anlass werden, die gleiche Zufriedenheit für sich selbst zu suchen. Aber wie würde er ihr Herz erreichen?

Ein Gespräch eröffnen

Es war nun kurz nach Mittag, und die Steine um den Brunnen, auf denen er saß, waren heiß wie in einem Backofen. Er war sehr durstig, und das war kein Zufall. Er war einen weiten Weg gewandert, um diese Frau zu treffen. Es war wirklich ein weiter Weg, wenn wir bedenken, wer er war. Der Weg vom Wort, das am Anfang bei Gott war, bis zum Wort, das Fleisch wurde, das nach einem Vormittagsmarsch Durst empfinden konnte, dieser Abstand war unermesslich. Aber dieser Abstand war überbrückt, und nun sollte dieser Ort der Ort der Begegnung zwischen Gott und dieser tief unglücklichen Frau werden.

Weil beide Menschen waren, hatten Jesus und sie etwas Gemeinsames: einfach großen, körperlichen Durst.

Er wartete, bis sie das Schöpfgefäß gefüllt hatte. „Ob du mir wohl etwas zu trinken geben würdest?"

Die Frau blickte auf und sah ihn erstaunt an. „Aber du bist doch ein Jude. Wie kommst du dazu, mich um etwas zum Trinken zu bitten, wo ich doch eine Samariterin bin?"

Normalerweise würde sie kein Jude um etwas zu trinken bitten, und sei er auch noch so durstig. Die rabbinischen Lehrer hatten allen Juden tief ins Gedächtnis gehämmert, dass samaritanische Frauen permanent unrein sind, und dass alle Nahrung und alle Getränke, die sie berühren, darum auch unrein sind. Das war natürlich Unsinn; denn samaritanische Frauen hielten sich genauso an die Mosaischen Gesetze und Reinheitsgebote wie die Jüdinnen. Dieser grausame und boshafte Unsinn hatte sich fest in die Herzen der samaritanischen Frauen eingebrannt, dieses Gefühl der Ungerechtigkeit, sozial ausgestoßen zu sein, als seien sie als Person schmutzig. Aber so war das mit der Religion, und sie hatte sich damit abgefunden.

Bat sie dieser Jude tatsächlich um einen Schluck Wasser? Das wäre doch äußerst verblüffend, und in ihrer Überraschung gab sie ihm offensichtlich auch nichts. Das kümmerte ihn auch nicht, denn mit dieser Bitte hatte er die Mauer überwunden, die seit Jahrhunderten die Juden von den Samaritern trennte. Ihr großes Erstaunen bewies das. Und allmählich, vielleicht ohne dass es ihr richtig bewusst war, leuchtete in ihrem Herzen auf, dass sie als menschliches Wesen respektiert war und gebraucht wurde. Indem sie ihre Überraschung zeigte, dass er sie um Wasser bat, hatte sie es ihm sehr einfach gemacht, sein Bedauern darüber auszudrücken, dass sie *ihn* nicht um Wasser gebeten hatte. Das geschah nun ganz natürlich und nebenbei, ohne sie zu beleidigen. Jesus antwortete und sprach zu ihr: „Wenn du die Gabe Gottes kenntest und wüsstest, wer es ist, der zu dir spricht: Gib mir zu trinken!, so hättest du ihn gebeten, und er hätte dir lebendiges Wasser gegeben" (Joh 4,10).

Die Gabe Gottes

Natürlich kannte sie die Gabe Gottes nicht, und er hatte es auch nicht von ihr erwartet. Sie wusste nicht einmal, wer er war, geschweige denn worin diese göttliche Gabe bestand, von der er sprach. Wahrscheinlich hatte sie den Eindruck, Gott habe ihr bemerkenswert wenig gegeben außer Enttäuschungen und Kummer; und was die Religion betraf, so schien es ihr, als ginge es dabei mehr um das, was sie Gott zu geben hatte. Wenn sie wollte, dass ein Priester für sie betet, musste sie dafür zahlen. Wenn sie sündigte und Vergebung suchte, so musste sie dafür ebenfalls mit einem Opfer bezahlen. Man musste den Zehnten und andere regelmäßige Gebühren abgeben. Und selbst wenn man alles Geforderte entrichtet hatte, war niemand imstande, einem zu versichern, dass man definitiv gerettet war. Nirgends hatte sie bisher gehört, dass das Wesen wahrer Religion nicht in dem besteht, was *wir* Gott geben, sondern in dem, was *er* uns gibt; dass es also eine *Gabe Gottes* gibt, um die man nur zu bitten braucht, ganz frei und umsonst; ohne die es allerdings auch unmöglich ist, Gott in angemessener Weise anzubeten.

Es gibt heute immer noch Millionen, denen es genauso geht wie ihr. Vielleicht haben sie niemals die Worte des Neuen Testaments gelesen: „Denn aus Gnade seid ihr gerettet durch Glauben, und das nicht aus euch, Gottes Gabe ist es; nicht aus Werken, damit niemand sich rühmt“ (Eph 2,8-9). Oder wenn sie diese Verse auch lesen, so ist ihnen möglicherweise das Konzept so völlig fremd und unverständlich, dass Errettung ein Geschenk ist, das man empfangen kann. Sie denken, dass es etwas ist, was verdient und bezahlt werden muss, zumindest in der Währung guten Verhaltens.

Man könnte erwarten, dass die Frau gesagt hätte: „Eine Gabe? Hat Gott wirklich etwas, was er mir geben will? Ich wüsste nicht, was das sein könnte. Aber wenn doch, dann gib es mir bitte!“ Aber nein, sie sagt all das nicht. Wie so viele andere hatte sie eben die Worte gehört: „… dann hättest du ihn gebeten, und er hätte dir lebendiges Wasser gegeben“, aber sie begriff nicht, dass dies eine Einladung war, um direkt und sofort an Ort und Stelle um das lebendige Wasser zu bitten. Außerdem verwirrte sie der Ausdruck *„lebendiges Wasser“*.

„Herr“, sagte sie, „du hast kein Schöpfgefäß, und der Brunnen ist tief. Woher hast du denn das lebendige Wasser? Du bist doch nicht größer als unser Vater Jakob, der uns den Brunnen gab, und er selbst trank daraus und seine Söhne und sein Vieh?“ (Joh 4,11-12).

Der Brunnen war also tief, und er hatte offensichtlich kein Gefäß zum Wasser-Schöpfen. Wenn sie doch nur gewusst hätte, dass er ihren Eimer nicht brauchte. Er hätte sofort ein Wunder tun können, um seinen Durst zu stillen – ohne Seil und Eimer, ja selbst ohne Brunnen. Sie war es, und nicht ihr Seil und ihren Eimer, die er finden wollte. Wäre es nicht so gewesen, hätte er keinen körperlichen Durst verspüren müssen. Der leibliche Durst war nur die Folge eines viel tieferen und wunderbareren Durstes: des Wunsches Gottes nach Gemeinschaft mit seinen Geschöpfen. Darum hatte er auf sie gewartet, und darum hatte er sie gebeten, Wasser für ihn zu schöpfen.

In gewisser Weise hatte er seit Anbeginn aller Zeit auf sie gewartet.

Es ist nicht so, dass der allgenugsame und vollkommen in sich zufriedene Gott etwas benötigte, bevor er uns erschaffen hatte und nun von uns abhängig war, um ein Bedürfnis zu stillen. Gott wird niemals durch Bedürfnisse angetrieben, so wie das bei uns ist; er wird niemals durstig, wie wir es werden. Er muss niemals zu irgendeinem Brunnen kommen. Und doch, nach der freien Wahl seines souveränen Willens, gefiel es ihm, uns zu gebrauchen. Aus den unergründlichen Tiefen seiner unendlichen Möglichkeiten erschuf er uns, um damit einen Wunsch zu erfüllen, den zu haben ihm wohlgefiel. Solange das Menschengeschlecht in seiner Nähe blieb, waren alle unsere Brunnen unermesslich tief und unsere durststillenden Vorräte unendlich. Seit wir ihn aber verließen, um unseren Weg unabhängig von ihm zu gehen, war keiner unserer Brunnen jemals mehr als jämmerlich seicht.

Unser Verlangen nach etwas Tieferem

„Lebendiges Wasser?", fragte sie. „Woher willst du denn lebendiges Wasser haben? Bist du etwa größer als unser Vater Jakob, der uns diesen Brunnen gab?" Sie wollte sich mit der Frage nicht lustig über ihn machen. Vielleicht verstand sie den Ausdruck *„lebendiges*

Wasser" als *„fließendes Wasser"*; denn an einigen Stellen wie z. B. im 3. Buch Mose ist der Ausdruck für fließendes Wasser: lebendiges Wasser (14,6). Denn wenn er kein Wasser aus diesem Brunnen wollte, konnte sie nicht nachvollziehen, woher er dann lebendiges Wasser nehmen wollte, hier in dieser Gegend. Und außerdem war dieser Brunnen für sie etwas Wunderbares. Sie konnte sich nicht vorstellen, warum jemand nach besserem Wasser verlangen sollte, als man es hier schöpfen konnte. Der Brunnen ging nicht nur tief in die Erde, er reichte auch tief in die Geschichte zurück, bis hin zum Erzvater Jakob. Der war der größte Heilige in der religiösen Galaxie der Samariter. Und der Gedanke, tatsächlich aus demselben Brunnen zu trinken, aus dem der große Heilige einst trank, verschaffte ihr irgendwie ein gutes Gefühl.

Was ihr der Brunnen tatsächlich zusätzlich brachte, außer dass er ihren Durst stillte, ist nicht leicht zu sagen. Sie mag ihn für einen heiligen Brunnen gehalten haben; aber das Wasser darin war nichts als gewöhnliches Wasser. Jakobs *Tiere,* wie sie selbst anmerkte, hatten ohne eine besondere Wirkung aus dem Brunnen getrunken, außer dass sie ihren Durst dort gestillt hatten. Als ein Brunnen mit gewöhnlichem Wasser war er natürlich ein großer Gewinn für die Gemeinschaft, und Jakob hatte eine lobenswerte Tat vollbracht, als er der Gemeinde diesen Brunnen schenkte. Und ich möchte hinzufügen, was einmal ausgesprochen werden sollte: Trotz aller Skandale, die man den Gläubigen nachsagen kann, ist es deren Glaube gewesen, der an vorderster Front den Menschen gedient hat, indem man den Armen, Hungernden und Kranken geholfen hat. Aber obwohl soziale Hilfen wertvolle und notwendige Folgen wahren Glaubens sind, so sind sie doch nicht das Herzstück wahrer Gottesverehrung. Wir müssen tiefer gehen.

Wieder lautet die Frage: Wie konnte er dieser Frau klarmachen, was das wahre lebendige Wasser ist. Während ihres ganzen Lebens hatte Religion für sie einfach bedeutet: Erledige deine weltlichen Pflichten so gut du irgend kannst. Das hieß, gut zu den Kindern und loyal gegenüber dem Ehemann zu sein, nicht zu lügen, nicht zu viele Gerüchte zu verbreiten, die Speisegesetze und Reinheitsgebote einzuhalten, wie sie von den Priestern aus der Bibel gelehrt wurden. Und wie man das gute Geschirr nur für besondere Mahlzeiten benutzt, so bedeutete es auch, zumindest das zum Trinken bestimmte Wasser aus dem heiligen Jakobsbrunnen zu holen. Wie konnte sie nur dazu gebracht werden, den Unterschied zwischen einer Religion auf dieser Stufe und dem lebendigen Wasser einer persönlichen Beziehung zu Gott auf einer tieferen, geistlichen Ebene zu erkennen?

Jesus sagte zu ihr: „Jeden, der von diesem Wasser trinkt, wird wieder dürsten; wer aber von dem Wasser trinken wird, das ich ihm geben werde, den wird nicht dürsten in Ewigkeit; sondern das Wasser, das ich ihm geben werde, wird in ihm eine Quelle Wassers werden, das ins ewige Leben quillt“ (4,13-14).

Damit wollte er nicht sagen, dass ein Mensch, der einmal die persönliche Gemeinschaft mit Gott erlebt hat, nie wieder das Bedürfnis nach einer weiteren solchen Erfahrung verspürt. Stattdessen ist damit gemeint, dass, wenn jemand einmal gekostet hat, was Gemeinschaft mit Gott bedeutet, dies der vorherrschende Wunsch in seinem Leben wird. Er meinte damit, dass, wenn wir einmal das lebendige Wasser von Christus bekommen haben, wir dann die Quelle dieser Befriedigung in uns haben und niemals wieder von fremden Quellen der Befriedigung abhängig werden, die uns nur unerfüllt zurücklassen. Denn diese können austrocknen, schwer zu finden, oder aber völlig unerreichbar sein. „Aber das Wasser, das ich ihm geben werde“, fügte Christus hinzu, um den Grund zu nennen, warum wir nie mehr durstig würden, „wird in ihm eine Quelle Wassers werden, das ins ewige Leben quillt.“

Das ist tatsächlich lebendiges Wasser, weil es das Leben bedeutet: das Leben des Geistes Gottes, das Christus denen gibt, die ihn darum bitten. Lebendiges Wasser, das aus einer tiefen Quelle stammt, nicht irgendein Gefühl, das uns im Gottesdienst beschleicht oder wenn wir einen prächtigen Sonnenuntergang bewundern, sondern ein neues Leben, das in uns eingepflanzt wurde und immer in uns bleibt. Lebendiges Wasser, das ganz natürlich entsteht und nicht durch ekstatische Emotionen erregt oder durch christliche Mantras hervorgerufen werden muss. Lebendiges Wasser ist etwas, das aus der Tiefe kommt und dessen Quelle das göttliche Leben, das Leben aus der Ewigkeit, ist, und es kommt aus einer Quelle, die deshalb niemals austrocknet, nicht einmal an schweren Tagen und anhaltender emotionaler Dürre, weil dies grundsätzlich nicht von Emotionen abhängt, sondern etwas Geistliches ist.

Widerstände gegen eine Beziehung mit Gott

Die Augen der Frau begannen zu leuchten. Sie hatte in dem, was Christus gesagt hatte, etwas entdeckt, was sie offensichtlich ansprach und das einen Sinn ergab. War sie nun drauf und dran, ihn um diese Gabe Gottes zu bitten um sie zu empfangen? „Herr“, sagte sie, „gib mir dieses Wasser, damit mich nicht dürste und ich nicht hierherkomme, um zu schöpfen.“

Wir seufzen enttäuscht. Wird sie jemals verstehen, dass er nicht über buchstäbliches, natürliches Wasser sprach? Aber

Christus war nicht entmutigt. Sie hatte begriffen, dass etwas sehr Anziehendes in dem steckte, was er sagte, und darum bat sie darum, obwohl sie nicht richtig verstand, um was es ging. Was ihm die Möglichkeit gab, auf das hinzuweisen, was für sie nicht nur das größte Hindernis war, um lebendiges Wasser zu bekommen, sondern auch dafür, dass sie verstand, um was es eigentlich ging.

Gott ist Geist. Wahre Gemeinschaft mit ihm muss sich daher auf geistlicher Ebene abspielen. Um die Dinge Gottes auch nur zu begreifen, ganz davon zu schweigen, sie zu genießen, muss man zunächst den Geist Gottes empfangen (siehe 1Kor 2,10-16). Doch genau auf dieser Ebene hat die Sünde alle Kommunikationskanäle blockiert und zerbrochen. Wie kann man Gemeinschaft mit unendlicher Heiligkeit haben, wenn noch Sünde da ist, die noch nicht bereut und vergeben ist? Wie kann man die Anbetung Gottes genießen, wenn man nicht sicher ist, dass er alles vergeben hat, und wenn man nicht sicher weiß, ob man am Ende von ihm angenommen oder in die Hölle verstoßen wird? Unzählige versuchen das, genauso wie diese Frau; aber alles war nur mühselige Pflichterfüllung. Das Zusammenleben mit einem Mann, der nicht ihr Ehemann war, hatte sie das gelehrt. Denn so aufregend und interessant es zeitweilig auch zu sein schien, hat es sie doch nie wirklich zufriedengestellt. Wahre Liebe und Gemeinschaft erfordern sogar auf der menschlichen Ebene Sicherheit. Wie kann man einen Mann bewundern und lieben, wenn man niemals sicher ist, ob man am Ende der Woche noch seine Frau ist, oder ob er sie bis dahin verlassen hat und sich von ihr scheidet. Aber es gibt Millionen, die versuchen, Gott zu lieben und ihn anzubeten, ohne sicher zu sein, ob er sie am Lebensende in den Himmel aufnehmen oder für ewig verbannen wird.

Die Konfrontation mit unserer wahren sündigen Identität
Diese Frau musste mit der Tatsache konfrontiert werden, dass sie eine Sünderin war. Denn bevor sie nicht Buße getan und Vergebung und Heilsgewissheit von Gott erhalten hatte, konnte sie kaum verstehen, was das lebendige Wasser der Gemeinschaft mit Gott im Heiligen Geist bedeutet. Hätte man sie aber gleich zu Anfang mit ihrer Sünde konfrontiert, so hätte sie alle ihre psychologischen Abwehrmechanismen in Gang gesetzt. Sie hätte das Gefühl gehabt, dass sie nur kritisiert wurde, weil sie nicht gut genug war, oder man hätte bei ihr den Eindruck erweckt, sie müsse erst viel besser werden, damit sie sich die Errettung verdient (was natürlich völlig falsch wäre). Und wenn ein Jude ihr, einer Samariterin, erzählt hätte, sie sei eine Sünderin, hätte sie ihm möglicherweise eine Ohrfeige gegeben. Jetzt aber interessierte sie sich für das lebendige Wasser, was auch immer das sein mochte, und hatte sogar darum gebeten. Selbst wenn sie noch nicht wusste, um was es sich handelte und sie aus falschen Motiven darum bat. Doch selbst die falschen Motive waren verständlich. Der Weg zum Brunnen von Sychar war weit, sehr weit, um gewöhnliches Wasser zu bekommen; und wenn das Leben emotional schlecht läuft und jemand keine Gemeinschaft mit Gott hat, erscheinen die Pflichten des Lebens zehnmal so mühselig zu sein, als wenn der eigene Geist frei und fröhlich ist.

Was wäre aber, wenn sie dahin gebracht werden könnte, sich ihren Status als Sünderin selbst einzugestehen? Vergebung und Errettung würden sogar die täglichen Lasten erleichtern.

„Du hättest also auch gern dieses lebendige Wasser, nicht wahr?“, fragte Christus. „Ich sage dir, wie du es bekommen kannst; nur hole eben deinen Mann und kommt hierher.“ Einen Augenblick zögerte die Frau, doch dann fiel ihr ein, dass er ein

Fremder war, der nichts über sie wissen konnte. Es bestand also keine Notwendigkeit, alle Fakten auf den Tisch zu legen und sich in lange und peinliche Erklärungen zu verwickeln. So antwortete sie: „Ich habe keinen Mann." Streng genommen stimmte das, und doch war es nur die halbe Wahrheit. In Wirklichkeit war es eine Vertuschung. Aber, na ja, wer hätte schon Lust, eine schmerzliche Wunde wie die ihre vor den Augen eines völlig Fremden offenzulegen? Aber eine halbe Wahrheit genügte Christus nicht. Er kannte bereits die volle Wahrheit. Aber wenn sie der Liebe Gottes gewiss werden und Sicherheit in ihrer Beziehung zu ihm erfahren wollte, dann musste sie wissen, dass er bereits alles wusste. Es hatte keinen Zweck, etwas zu verbergen und in der ständigen Furcht zu leben, dass das Schlimmste eines Tages dann doch ans Licht kommen würde und er sie dann deshalb verwerfen würde.

So musste Christus den Verband abreißen und die Wunde offenlegen, und das tat weh. Man beachte, mit welch unendlicher Barmherzigkeit er das tat. Da gab es keine öffentliche Zurechtweisung, weil sie nicht die ganze Wahrheit gesagt hatte. Zweimal lobte er sie dafür, dass es stimmte, was sie gesagt hatte, obwohl sie wusste – und er dabei war ihr zu zeigen, dass er es wusste –, dass ihre kalkulierte Genauigkeit nur etwas war, mit der sie die ganze Wahrheit verschleiern wollte. „Du hast es schön ausgedrückt", sagte Christus, „indem du sagtest du hättest keinen Mann; denn fünf Männer hast du gehabt, und der, den du jetzt hast, ist nicht dein Mann; es ist genau, wie du sagst." Da war keine Anklage, keine Tirade gegen die Sünde, keine Vorwürfe – einfach nur die Wahrheit. Die Fakten kamen auf den Tisch, verpackt zwischen zwei Anerkennungen für die Genauigkeit; aber diese Fakten sprachen für sich: nackt, bloß, entlarvt, hässlich und unerfreulich.

Anbetung im Geist

Die Frau sah beunruhigt und verwirrt aus. Woher wusste er das alles? Was sollte sie nun sagen? Er musste ein Prophet sein. Es hatte keinen Zweck, weiter etwas zu verbergen. Ihre Gedanken rasten. Ein Prophet steht für Religion. Konnte sie irgendetwas Religiöses sagen, um die Frustration des Augenblicks zu überspielen? Ach ja, er war ein jüdischer Prophet. Somit wusste sie, was sie sagen konnte, um den Druck auf ihrer Seele etwas zu erleichtern. „Mein Herr", sagte sie, „ich kann sehen, dass du ein Prophet bist. Unsere Väter haben auf diesem Berg angebetet, und ihr sagt, dass in Jerusalem der Ort sei, wo man anbeten müsse." Da hätte sie noch einiges sagen können, wenn er nur auf die alte Kontroverse eingestiegen wäre. Sie könnte aus dem 1. Buch Mose argumentieren, dass Abraham hier in der Nähe einen Altar gebaut hat (12,7), genau wie Jakob (33,20). Sie hätte sicherlich aufzeigen können, dass die Samariter nicht so im Unrecht waren, wie die Juden es darstellten, und dass die Juden nicht so dogmatisch sein sollten, sondern die Meinung anderer Leute ebenfalls gelten lassen sollten. Aber diese alten Kontroversen boten keinen Fluchtweg. Der Heiland war nicht bereit, darauf einzusteigen. Er hätte ihr problemlos mit göttlicher Klarheit und Argumentationskraft zeigen können, dass die Samariter jahrhundertelang mit ihrer Opposition im Irrtum waren, wenn sie Jerusalem ablehnten und am Berg Garizim festhielten. Aber was hätte es dieser Frau geholfen, wenn er den Streit gewonnen und ihr ein zögerliches Eingeständnis abgerungen hätte, dass er im Recht war? Zum einen hätte sie am Ende der Diskussion ihr Ziel erreicht, um sich von den Fragen nach ihrer persönlichen Not und Sünde fortzuschleichen. Und zum anderen: Selbst wenn er bewiesen hätte, dass Jerusalem die ganze Zeit über der richtige Ort der Anbetung war, dann wäre der richtige Ort der Anbetung – so wichtig dies auch war – nicht einmal in den vergangenen Jahrhunderten das Entscheidende in Sachen Anbetung gewesen. Wie viel weniger nun, wo selbst Jerusalem dabei war, seinen Messias und Gott zu verwerfen, und Gott dabei war, den Römern zu erlauben, den Tempel in Jerusalem zu zerstören und die ganze Frage der Anbetung auf eine ganz und gar andere Ebene zu verlagern. Doch der Herr würde nicht, selbst um diese Frau dadurch zum Glauben zu führen, ihre falschen Vorstellungen von der samaritanischen Anbetung tolerieren und vorgeben, sie seien richtig oder zumindest käme es nicht darauf an, ob sie richtig oder falsch waren. Gott hatte angeordnet, dass das Heil aus den Juden kommen sollte, und der Jude, der da vor ihr saß, war ihr Retter. Es war wichtig, sie daran zu erinnern, dass sie das Heil nicht in jeder beliebigen Richtung finden konnte. Das Heil, die Rettung, ist eine Gabe, die man aber nur von dem Retter bekommen kann, den Gott dafür vorgesehen hat. So sagte Jesus zu ihr:

> „Frau, glaube mir, es kommt die Stunde, da ihr weder auf diesem Berg noch in Jerusalem den Vater anbeten werdet. Ihr betet an, was ihr nicht kennt; wir beten an, was wir kennen, denn das Heil ist aus den Juden. Es kommt aber die Stunde und ist jetzt, da die wahren Anbeter den Vater in Geist und Wahrheit anbeten werden; denn auch der Vater sucht solche als seine Anbeter. Gott ist Geist, und die ihn anbeten, müssen in Geist und Wahrheit anbeten.“ (Joh 4,21-24)

Sie muss gespürt haben, dass es immer enger für sie wurde. Dabei hatte sie doch versucht, das Thema von ihren eigenen unbefriedigenden Verhältnissen und ihrem Leben im Licht Gottes abzulenken, indem sie die Frage nach der richtigen Anbetung ins Spiel brachte. Sie hatte gedacht, sie könnte darüber auf ganz unpersönliche Weise diskutieren, wie man eben über historische und konfessionelle Fragen redet. Doch das Thema Anbetung, das sie selbst aufgeworfen hatte, führte sie direkt wieder zu ihrer persönlichen Gottesbeziehung zurück. Und jetzt konnte sie nicht mehr sagen, dass das Thema Anbetung sie nicht interessiert; und was er dazu sagte, war ganz offensichtlich richtig. Sowohl Samariter als auch Juden glauben, dass Gott Geist ist. Darüber gab es nichts zu diskutieren. Und er sagte auch nicht, dass der Ort bei der Anbetung das Allerwichtigste sei, und dass dieser Ort Jerusalem sein muss. So konnte man sich auch darüber nicht streiten. Wenn Gott Geist ist, klingt es natürlich auch vernünftig, dass seine Anbeter ihn in Geist und Wahrheit anbeten müssen. Aber was genau bedeutete das? Und was meinte er, wenn er von wahren Anbetern redete? Was immer er auch meinte, so war doch herauszuhören, dass nicht alle Juden da oben in Jerusalem notwendigerweise wahre Anbeter sein mussten, was ein gewisser Trost war. Aber so hatte sie bisher diese Dinge noch nie gesehen. Was hatte das alles zu bedeuten? Sie kam nicht dahinter.

Aber wir können uns heute noch weniger als sie herausreden, dass wir nicht wüssten, was das bedeutet. Er sagte nicht, dass alle, die bis zu diesem Augenblick im Tempel zu Jerusalem oder in Samaria angebetet hatten, schon deshalb falsche Anbeter waren und ihr Gottesdienst Heuchelei gewesen sei. Aber es war – ganz allgemein gesprochen – noch nicht das wirkliche und ganze Ideal, was zu Recht den Namen *Anbetung* verdient hätte.

Ein leidenschaftlicher Segler mag mit seinem Sechsjährigen im Gartenteich mit Modell-Jachten spielen, in der Hoffnung, dass der Junge frühzeitig Interesse am Segelsport bekommt und seinen Vater später auf einer richtigen Jacht rund um die Welt begleitet. Aber als richtiger Vater und Segler würde er nicht froh sein, wenn sein erwachsener Sohn immer noch im Gartenteich mit Modell-Jachten spielt. In diesem Alter würde sich ein Vater wünschen, dass der Sohn sich ganz und gar den echten Dingen zuwendet – oder es ganz lässt.

Die jüdischen Symbole, einschließlich des buchstäblichen Tempels aus Stein und dessen samaritanisches Gegenstück waren doch nur als Modelle gedacht, die auf das Eigentliche verweisen sollten. Gott ist Geist; wie könnte er sich für immer mit Weihrauchwolken, einigen prächtigen bunten Kleidern und wolligen Lämmern als Opfergaben zufriedengeben? Ihm gebühren die wirklichen, die wahren Dinge. Und die wirklichen und wahren Dinge sind solche, die der Wirklichkeit seines eigenen Wesens entsprechen: „Gott ist Geist, und die ihn anbeten, müssen ihn in Geist und Wahrheit anbeten."

An dieser Stelle müssen wir uns an das erinnern, was unser Herr in seinem langen Gespräch mit Nikodemus zu diesem sagte: „Was aus dem Fleisch geboren ist, ist Fleisch, und was aus dem Geist geboren ist, ist Geist. Wundere dich nicht, dass ich dir sagte: Ihr müsst von Neuem geboren werden" (Joh 3,6-7). Um ins Himmelreich zu kommen oder es auch nur zu sehen, müssen wir von Neuem geboren werden. Es reicht daher nicht, nur unser altes Fleisch zu verbessern, zu erziehen oder religiös zu machen. Wir brauchen ein neues Leben nach einer ganz anderen Ordnung, indem wir aus dem Geist geboren werden.

Nun wird dasselbe auf dem Gebiet der Anbetung festgeschrieben. Um so anzubeten, dass Gott es anerkennen kann, müssen wir ihn im Geist anbeten. Das bedeutet nicht, dass, wenn wir zum Gottesdienst gehen, wir versuchen sollten, uns in den Geist der Sache hineinzuversetzen, wie man so sagt. Es bedeutet, die Gabe Gottes, das lebendige Wasser, zu empfangen – also den Heiligen Geist –, sodass wir die Dinge Gottes erkennen und verstehen können. Es wird niemals ausreichen und auch stets unbefriedigend bleiben, wenn wir jemanden verehren wollen, den wir gar nicht richtig kennen; und die Bibel sagt ganz klar, dass die Menschen über keine Möglichkeit zur Gotteserkenntnis verfügen, ohne den Heiligen Geist empfangen zu haben.

> „Denn wer von den Menschen weiß, was im Menschen ist, als nur der Geist des Menschen, der in ihm ist? So hat auch niemand erkannt, was in Gott ist, als nur der Geist Gottes ... Ein natürlicher Mensch aber nimmt nicht an, was des Geistes Gottes ist, denn es ist ihm eine Torheit, und er kann es nicht erkennen, weil es geistlich beurteilt wird." (1Kor 2,11.14)

Gott erkennen

Dieses zu verstehen ist äußerst wichtig; denn an dieser Stelle können wir uns leicht selbst betrügen. Wir können die Großartigkeit eines Sonnenuntergangs genießen, oder die Farben eines Schmetterlings, oder die Ekstase der Musik, und weil wir alle diese und ähnliche Dinge als gute Gaben unseres Schöpfers verstehen, könnten wir meinen, dies sei das, was die Bibel hier meint. Doch das ist nicht so. Wir mögen auf unterschiedlichen Stufen eine Menge über Gott wissen und ihn doch selbst nicht kennen.

Nehmen wir eine Analogie: Wir haben viel mit Hunden gemeinsam und sie mit uns. Wir genießen einen ausgedehnten Spaziergang genauso wie sie. Wir mögen Beefsteaks, wie sie Beefsteaks mögen. Wenn Ihr Hund Sie ein Beefsteak essen sieht, ist sein Interesse sofort geweckt. Er hat eine gute Ahnung von den großartigen Gefühlen, die Ihren Gaumen und Magen kitzeln; denn auch er hat einen Magen und Gaumen, die etwas von Beefsteaks verstehen. Aber der Hund wäre doch ein sehr törichter Hund, wenn er sich einbildete, dass er alles über Sie wüsste, nur weil er auch ein Beefsteak genießen kann. Nehmen Sie ihn nur mit in ihr Arbeitszimmer und zeigen ihm Ihr liebstes Ölgemälde, und sogleich ist die Ähnlichkeit vorbei. Er kann an diesem eigenartigen Gegenstand überhaupt nichts von dem erkennen, was Sie so entzückt. Vielleicht bellt er, wenn er wahrnimmt, wie begeistert Sie sind; aber Sie sollten nicht meinen, er würde auch nur das Geringste auf dem Bild erkennen. Sogleich wird er das ganze Spielchen aufgeben und versuchen, an dem Bild zu riechen, und wenn das zu keinem spürbaren Ergebnis führt, wird er es mit Lecken versuchen. Endlich, weil er von vorn bis hinten nichts damit anzufangen weiß, wird er dessen überdrüssig und wird das Spiel aufgeben.

Wie sehr Sie sich auch bemühen, ihm ein paar menschliche Verhaltensweisen beizubringen – wie brav sitzen zu bleiben oder Pfötchen zu geben –, er wird doch niemals das menschliche Interesse an Ölgemälden oder an tausend anderen Ding erlernen. Weite Bereiche unserer Personalität bleiben für einen Hund immer ein unbekanntes Gebiet. Er wird Sie niemals im Vollsinn des Wortes kennenlernen, es sei denn, das Unmögliche geschähe, dass Sie ihm irgendwie Ihren menschlichen Geist übermitteln könnten.

Genauso ist es mit uns und Gott. Die Freude an Gottes Schöpfungswerken, die Freude an menschlicher Liebe und Genialität, wird uns vieles über den Schöpfer verraten; aber das heißt nicht, Gott im biblischen Wortsinn zu erkennen. Dafür müssen wir den Geist Gottes empfangen. Ohne ihn – so sagt die Bibel selbst – werden uns die Dinge Gottes als Torheit erscheinen.

Dies ist der wahre Grund, weshalb viele, die man zum regelmäßigen Gottesdienstbesuch erzogen hat, entweder nur aus Pflicht oder Anstand dabeibleiben oder es irgendwann ganz aufgeben. Alles ist nur furchtbar langweilig für sie und macht keinen Sinn. Wenn sie es doch irgendwie fertigbringen dabeizubleiben, werden sie lauthals fordern, dass weniger über die Bibel und mehr über politische und soziale Verantwortung gepredigt wird; denn Themen dieser Art verstehen sie und sind ihnen wichtig. Jakob scheint für sie – wie für die samaritanische Frau – den Gipfel geistlicher Leistung erreicht zu haben, als er dem nahegelegenen Dorf eine neue Wasserquelle schenkte; Beten und Bibellesen dagegen konnte man als irrelevant vernachlässigen. Das ist leicht zu begreifen. Der eigentliche Fehler lag nicht bei ihnen, sondern bei denen, die sie zur Mitgliedschaft in einer Gemeinde einluden und sie aufforderten, es zu versuchen und Gott anzubeten, ohne sich zu vergewissern, dass sie zuvor die Gnade Gottes erfahren hatten und von Neuem geboren waren. Wie aber bekommen wir diese Gabe und zu welchen Bedingungen? Das Beispiel einer tatsächlichen Bekehrung wird das deutlich machen. Hören wir auf den Apostel Paulus, der uns sagt, was die Bekehrung zu Christus für ihn bedeutete und wie sie insbesondere seine Anbetung revolutioniert hat:

„Doch nehmt euch in Acht vor diesen bösartigen Kötern: den falschen Missionaren, den Propheten der Verstümmelung! Denn wir sind die wirklich Beschnittenen, wir, die Gott in seinem Geist anbeten. Wir verlassen uns nicht auf menschliches Tun, sondern rühmen uns, mit Christus Jesus verbunden zu sein. Natürlich könnte ich mich auch auf menschliche Vorzüge berufen. Wenn andere Grund haben, darauf zu vertrauen, hätte ich das noch viel mehr. Ich wurde beschnitten, als ich acht Tage alt war. Von Geburt bin ich ein Israelit aus dem Stamm Benjamin, ein Hebräer reinster Abstammung. Und was das Gesetz betrifft, war ich ein Pharisäer. Dem Eifer nach war ich ein unerbittlicher Verfolger der Gemeinde; und gemessen an der Gerechtigkeit, die aus der Befolgung des Gesetzes kommt, war ich ohne Tadel. Früher hielt ich diese Dinge für einen Gewinn, aber jetzt, wo ich Christus kenne, betrachte ich sie als Verlust.

Ja wirklich, alles andere erscheint mir wertlos, wenn ich es mit dem unschätzbaren Gewinn vergleiche, Christus Jesus als meinen Herrn kennen zu dürfen. Durch ihn habe ich alles andere verloren und betrachte es auch als Dreck. Nur Christus ist mein Gewinn. Und zu ihm möchte ich um jeden Preis gehören. Deshalb vertraue ich nicht mehr auf meine Gerechtigkeit, die aus dem Befolgen des Gesetzes kam, sondern auf die, die ich durch den Glauben an Christus habe, auf die Gerechtigkeit, die von Gott kommt und auf Glauben gegründet ist." (Phil 3,2-9)

Wahre Anbetung

Aber es gibt noch einen anderen Fehler in Bezug auf die Anbetung, vor dem Jesu Worte uns bewahren wollen. Wir sollen nicht nur im Geist, sondern auch in der *Wahrheit* anbeten. Gott ist weder die Projektion unserer psychologischen Befindlichkeiten noch unserer intellektuellen Konzepte. Er ist eine Realität, er ist *die* Wahrheit. Und er selbst hat sich offenbart und uns die Wahrheit dessen, wie er ist, gezeigt, indem er seinen Sohn, das Wort Gottes, in unsere Welt gesandt hat, wo er als das Lamm Gottes starb, um die Sünden der Welt wegzunehmen, um danach von den Toten aufzuerstehen. Anbetung, wenn sie wahr sein soll, muss eine entsprechende Antwort auf diese geoffenbarte Wahrheit sein.

Für einige besteht aber die Gefahr, dass sie meinen, „Anbetung im Geist" bedeutet, man müsse ekstatische Erfahrungen haben, die unabhängig von der christlichen Lehre und den großen Tatsachen der Errettung sind. Manche reißen dabei die Worte von Paulus – „der Buchstabe tötet, der Geist aber macht lebendig" (2Kor 3,6) – aus dem Zusammenhang. Sie missdeuten sie so, als ob dies bedeutetet, dass die Lehre keine Rolle spielt, solange ein Mensch nur „geistliche Erfahrungen" hat. Vielleicht sagen sie sogar, dass gründliches Lesen der Heiligen Schrift unnötig ist und dass Lehre grundsätzlich eher ein Hindernis für „Spiritualität" ist. Das ist allerdings eine Irreführung. Anbetung im Geist wird immer mit der Wahrheit Gottes übereinstimmen. Wenn z. B. ein Mensch behauptet, im Geist anzubeten und die Lehre über das Blut und das Opfer Christi verwirft, der betet nicht der Wahrheit entsprechend an. Er betet nicht die Realität an, die in Gott ist und auch nicht die Realität der historischen Offenbarung Gottes in der Person und in dem Werk Jesu Christi. Er betet irgendein Produkt seiner eigenen Einbildung an. Im Gegensatz dazu lädt Jesus die Frau am Brunnen ein, Gott so anzubeten, wie er wirklich ist.

> „Es kommt aber die Stunde und ist jetzt, da die wahren Anbeter den Vater in Geist und Wahrheit anbeten werden; denn auch der Vater sucht solche als seine Anbeter. Gott ist Geist, und die ihn anbeten, müssen in Geist und Wahrheit anbeten." (Joh 4,23-24)

Die Reaktion der Frau

Es war Mittag, als die Unterhaltung begann, und wie lange sie dauerte, wird uns nicht berichtet; denn was wir darüber wissen, ist nur eine Zusammenfassung des Gespräches. Bestimmte Dinge waren dabei besonders wichtig: Gott hat die Gabe lebendigen Wassers, die sie haben konnte, sobald sie darum bat; sie musste ihren Zustand als Sünderin bekennen und Buße tun; Gott hatte sie schon gesucht und sehnte sich danach, sie als eine seiner wahren Anbeterinnen zu gewinnen. Es ging nicht um ihre Väter oder um deren Traditionen, noch um ihre Glaubensgemeinschaft oder um religiöse Gebäude oder Praktiken: Es ging um sie selbst und um ihre persönliche Antwort auf Gott.

Schließlich trat eine Gesprächspause ein, während Jesus auf ihre Antwort wartete. Würde sie ihn nun persönlich um das lebendige Wasser bitten und die Gabe Gottes empfangen? „Na ja", sagte sie nach einer Pause, „wir können über all diese Dinge nicht wirklich sicher sein, nicht jetzt – oder? Aber ich weiß, dass eines Tages der Messias kommt. Der wird uns alles erklären."

Seitdem haben Millionen von Menschen dasselbe gesagt; denn es scheint eine fixe Idee der Religion zu sein, dass man heute noch nichts Genaues wissen kann. Das hat sich sogar in einige Gebete eingeschlichen. Nachdem man Gott um dieses und jenes gebeten hat, fügt man zum Schluss noch an: „und am Ende das ewige Leben". Aber warum erst am Ende? Warum nicht jetzt schon? Das ewige Leben ist nicht etwas Entferntes, das wir vielleicht irgendwann einmal bekommen, wenn dieses Leben hinter uns liegt. Christus sagte: Ewiges Leben bedeutet, „dass sie dich, den allein wahren Gott, und den du gesandt hast, Jesus Christus, erkennen" (Joh 17,3). Es bedeutet, Gott und Jesus Christus jetzt schon zu kennen, in dem Sinn, dass man *jetzt* eine lebendige und persönliche Beziehung zu ihnen hat. Ja, natürlich, diese Beziehung, die hier auf Erden beginnt, wird sich in alle Ewigkeit fortsetzen; aber sie muss hier auf der Erde beginnen, wenn sie jemals bis in Ewigkeit bestehen soll. Warum sonst ist denn Christus in unsere Welt gekommen? Warum sonst hat er sich dann in Samaria an den Brunnen gesetzt und mit der Frau gesprochen, wenn, nachdem alles gesagt und getan ist, doch nur gelten sollte: „Aber natürlich können wir in diesem Leben nichts Genaues wissen"? So sagte sie: „Ich weiß, dass der Messias kommt, der Christus genannt wird; wenn jener kommt, wird er uns alles verkündigen." Und lag nicht in dieser Anmerkung etwas Hoffnung; denn sie schien anzudeuten, dass sie ihm glauben würde, wenn der Messias dann tatsächlich kam und alles erklärte. Aber was wäre, wenn ihre Augen geöffnet würden und sehen könnten, dass der Messias nicht nur bereits gekommen war, sondern in diesem Augenblick neben ihr saß und mit ihr sprach. Dass die Worte, denen sie gelauscht hatte, Erklärungen des Messias waren. Angenommen, er würde jetzt sagen: „Ich bin der Messias", wäre sie imstande, das zu erfassen? Sie hatte bemerkt, dass er ein Jude war; das war das Erste, was sie überhaupt festgestellt hatte. Würden ihre alten religiösen Vorurteile es ihr erlauben, den Messias anzunehmen, selbst wenn er ein Jude war?

Aber diese Schwierigkeit war bereits überwunden. Hatte er sich nicht die Mühe gemacht, zu ihr zu kommen und sie zu suchen? Hatte er nicht, müde und durstig von der Reise, sie zu ihrem größten Erstaunen um einen Schluck Wasser gebeten? Und hatte er sich nicht die ganze Zeit genommen, um mit ihr zu reden. Mit einer Frau, wo doch viele jüdische Rabbis das für Zeitverschwendung und unter ihrer Würde erachtet hätten, mit einer Frau über Theologie zu diskutieren? Und hatte er nicht mit ihr gesprochen, obwohl er alles über sie wusste, wo doch selbst ihre Mitbürgerinnen in der Stadt sie verachteten und mieden? Er konnte es jetzt sagen, und er würde es auf eine Weise tun, die ihr Herz zutiefst berührte. Jesus sagte zu ihr: „Ich, *der mit dir redet,* bin der Messias."

Was hat sie darauf geantwortet? Es wird uns nicht gesagt. Und wie wenig könnte auch darüber gesagt werden, was in einem Menschenherzen vor sich geht, wenn eine Person zum ersten Mal die Tatsache wahrnimmt, dass die Worte, die sie hört und schon so oft gehört oder so oft in der Bibel gelesen hat, die Worte des lebendigen Christus sind, der vor ihrer Herzenstür steht und sie persönlich sucht und auf eine persönliche Antwort ihres Glaubens wartet?

Aber genau zu diesem Zeitpunkt kehrten die Jünger mit ihren Einkäufen zurück. Zu gern hätten sie gewusst, wer diese Frau war, und weshalb um alles in der Welt Jesus überhaupt mit einer Frau sprach. Zum Glück hatten sie so viel Anstand, dass sie sich nicht mit taktlosen Fragen einmischten, wozu sie allerdings auch kaum Gelegenheit bekamen; denn die Frau sprang plötzlich auf und eilte in die Stadt zurück.

„Ist das dein Wasserkrug?“, fragte einer der Jünger einen anderen. „Nein“, sagte der, „er muss der Frau gehören.“

„Herr!“, sagten sie im Chor, „die Frau, die gerade gegangen ist, hat ihren Krug vergessen!“

Das Bekenntnis und das Zeugnis dieser Frau

Was diese samaritanische Frau da tat, war völlig normal, als sie in der Freude und Verwunderung über ihre Erfahrung mit Christus ihren Wasserkrug vergaß. Sie war zutiefst unzufrieden zum Wasserbrunnen gekommen zu einer Stunde, in der sie Begegnungen mit anderen Stadtbewohnern vermeiden konnte. Aber Christus hatte ihr von einer Quelle lebendigen, erfüllenden Wassers erzählt, das er ihr geben wollte: die Möglichkeit, hier und jetzt schon ewiges Leben zu bekommen, durch eine persönliche geistliche Beziehung zu Gott. Und offensichtlich muss diese Frau schließlich darum gebeten und jene Erfüllung auch empfangen haben. Sie sagte das nicht mit großen Worten; aber ihre Taten sprechen für sich. So sprang sie plötzlich auf, eilte zurück in die Stadt, ging dort auf die Leute zu und forderte sie auf, ebenfalls zu Jesus zu kommen und ihm zu begegnen.

Da musste offensichtlich etwas geschehen sein. Als sie zu dem Brunnen ging, versuchte sie, die Begegnung mit Menschen zu vermeiden; jetzt ging sie auf die Menschen zu. Sie hatte sie gemieden, weil diese wegen ihres unmoralischen Lebensstils nichts von ihr hielten, und sie war deshalb voller Scham und Misstrauen. Jetzt aber gab sie all das zu und sagte zu den Leuten in der Stadt: „Kommt, seht einen Menschen, der mir alles gesagt hat, was ich getan habe.“

Alles? Was unser Herr ihr über ihr persönliches Leben gesagt hatte, waren genau die Dinge, derentwegen ihre Nachbarn sie mieden. Doch das, was sie vorher jedem Kritiker übelnahm, das gab sie jetzt selbst offen zu. Irgendwie waren all der Schmerz und Groll verschwunden. Das Eingeständnis ihres Fehlverhaltens wurde jetzt durch das Wunder überlagert, einen Erlöser entdeckt zu haben, der alles gewusst hatte, was sie getan hatte, ohne dass es ihm jemand erzählt hätte. Er hatte ihr früheres Leben weder entschuldigt noch verurteilt, sondern sie dazu gebracht, dass sie sich zu ihrer Schuld bekannte. Denn er gab ihr das Empfinden, dass Gott sie liebte und sie wertschätzte, obwohl sie immer noch eine Sünderin war. Und in der Kraft ihrer ganz neu entdeckten Beziehung zu Gott fiel ihr das Bekennen auf einmal ganz leicht.

DIE FÜNFTE GESCHICHTE

Von ANGST *zum* VERTRAUEN

Das Gebet eines Vaters
und der verzögerte Beweis

Er kam nun wieder nach Kana in Galiläa, wo er das Wasser zu Wein gemacht hatte. Und es war in Kapernaum ein königlicher Beamter, dessen Sohn krank war. Als dieser gehört hatte, dass Jesus aus Judäa nach Galiläa gekommen sei, ging er zu ihm hin und bat, dass er herabkomme und seinen Sohn heile; denn er lag im Sterben.

Jesus sprach nun zu ihm: Wenn ihr nicht Zeichen und Wunder seht, so werdet ihr nicht glauben.

Der königliche Beamte spricht zu ihm: Herr, komm herab, ehe mein Kind stirbt!

Jesus spricht zu ihm: Geh hin! Dein Sohn lebt. Der Mann glaubte dem Wort, das Jesus zu ihm sagte, und ging hin. Aber schon während er hinabging, kamen ihm seine Knechte entgegen und berichteten, dass sein Junge lebe. Er erforschte nun von ihnen die Stunde, in der es besser mit ihm geworden war; und sie sagten zu ihm: Gestern zur siebten Stunde verließ ihn das Fieber. Da erkannte der Vater, dass es in jener Stunde war, in der Jesus zu ihm sagte: Dein Sohn lebt. Und er glaubte, er und sein ganzes Haus.

Dies tat Jesus wieder als zweites Zeichen, als er aus Judäa nach Galiläa gekommen war.

Johannes 4,46-54

Jesus finden

Bei seiner Rückkehr nach Galiläa ging unser Herr nach Kana, also zu der Stadt, in der er zuvor Wasser zu Wein gemacht hatte (Joh 2,1-11). Nun geschah es, dass gerade zu dieser Zeit der Sohn eines königlichen Beamten schwer erkrankt war und wenig Hoffnung auf Heilung bestand. Als der Vater des Jungen hörte, dass Jesus von Judäa nach Galiläa zurückgekommen war, entschloss er sich in seiner Verzweiflung, zu ihm zu gehen und ihn zu bitten, mit ihm zu kommen, um seinen Jungen zu heilen.

Kana war gut 30 Kilometer von Kapernaum entfernt, und selbst wenn er so schnell wie möglich ritt, würde es doch einige Zeit dauern, bis er dort ankam. Außerdem musste er herausfinden, wo Jesus dort war, und ihn dann überreden, mit nach Kapernaum zu kommen, um den Jungen zu heilen. Was wäre aber, wenn er ankam und Jesus mitten in einer seiner langen Predigten oder Unterhaltungen mit der Volksmenge war? Daran konnte er nichts ändern. Er musste dann einfach warten, bis er ihn treffen und fragen konnte. Und dann war da noch das Problem, wie er ihn nach Kapernaum bringen sollte. Wie lange würde das dauern? Durfte er Jesus bitten, selbst zu reiten? Oder musste er in einer Sänfte getragen werden, wie es bei manchen Vornehmen üblich war? Was wäre, wenn Jesus darauf bestünde, die gesamten 30 Kilometer zu laufen? Das würde mindestens einen vollen Tag kosten, wo doch jede Minute die letzte des Jungen sein konnte.

In Kana angekommen, fand er Jesus und bat ihn inständig: „Komm doch bitte hinab nach Kapernaum und heile mein Kind!" „Das Problem mit euch Leuten ist", antwortete Jesus, „dass ihr nicht glaubt, wenn ihr keine Zeichen und Wunder seht."

„Ach bitte!“, sagte der verzweifelte Vater, „wenn es irgend möglich ist, dann lass uns hier nicht herumstehen und theologische Feinheiten diskutieren. Mein Sohn ist todkrank; es kann jede Minute vorbei sein. Bitte, komm herab, ehe es zu spät ist!“

„Lieber Mann“, sagte Jesus, „du missverstehst mich. Dein Sohn lebt. Er ist schon geheilt. Du kannst heimreiten.“

„Geheilt?“, fragte der Mann. „Schon?“

„Ja, er ist schon geheilt“, sagte Christus. „Du hast mich doch gebeten, ihn zu heilen, nicht wahr? Nun, da habe ich ihn geheilt. Jetzt, in diesem Augenblick, ist er lebendig und gesund. Du siehst, ich brauche nicht nach Kapernaum zu kommen, um deinen Sohn zu heilen, und du solltest dankbar dafür sein, dass ich das nicht nötig habe. Denn wenn ich den ganzen Weg hätte zurücklegen müssen, um meine Hand auf ihn zu legen, bevor ich ihn heilen konnte, wäre er vielleicht längst gestorben, bevor ich angekommen wäre. Ich stelle allerdings gerade fest, dass du ein Glaubensproblem hast. Ich habe dir gesagt, dass es deinem Jungen gut geht und dass du heimreiten kannst; aber du kannst nicht überprüfen, dass es ihm gut geht. Der einzige Beweis, den du zurzeit dafür hast, dass dein Sohn gesund ist, sind meine bloßen Worte. Und es liegt in der Natur der Sache, dass du keine anderen Beweise haben kannst, bis du nach Hause kommst und dich selbst davon überzeugst, dass meine Worte wahr sind. Das Problem mit dir und dem Rest der Leute hier liegt darin, dass ihr nicht bereit seid zu glauben, wenn ihr keine Zeichen und Wunder seht, und das bedeutet, dass die nächsten paar Stunden schwierig für dich werden. Ich komme nicht mit dir nach Kapernaum. Ich sage dir, dass dein Sohn bereits gesund ist und dass für dich keine Notwendigkeit mehr besteht, hier zu stehen und mich zu bitten; du kannst nach Hause gehen.

Du musst dich also entscheiden. Wenn du meinem Wort nicht glauben kannst, dass es ihm gut geht, ohne Zeichen und Wunder zu sehen, wirst du die nächsten Stunden, bis du nach Hause kommst, voller Sorgen und Ängsten sein, aber das würde nichts an der Tatsache ändern, dass er gesund ist; denn ich *habe* ihn geheilt. Doch wenn du auf deiner Heimreise inneren Frieden haben willst, dann musst du bereit sein, meinen bloßen Worten zu glauben, und zwar ohne weitere Beweise. Ich könnte natürlich hier und jetzt vor deinen Augen Zeichen und Wunder tun. Aber was würde das beweisen? Es würde ja nur bestätigen, dass ich Wunder tun kann, wenn ich will; und das glaubst du bereits, sonst hättest du dich ja nicht auf den Weg gemacht und wärst nicht mit deiner Bitte zu mir gekommen. Selbst wenn ich 50 Wunder hier und jetzt vor deinen Augen tun würde, die du alle sehen könntest, so würde das nicht beweisen, dass ich ein Heilungswunder über eine Entfernung von 30 Kilometern tun kann. Und es würde auch nicht bewiesen, dass ich ein solches Wunder tatsächlich vollbracht habe. Wenn ich sage, dass ich ein solches Wunder getan habe und dass dein Junge gesund ist, so ist das absolut wahr, und es wird durch nichts verändert. Außerdem, wenn du nach Hause kommst, wirst du den sichtbaren Beweis haben, dass es stimmt und dass es von dem Augenblick an wahr war, als ich es sagte. Aber du kannst den sichtbaren Beweis jetzt nicht haben, nicht bevor du dort angekommen bist. In der Zwischenzeit solltest du lernen, meinen Worten zu glauben, und dich vertrauensvoll auf den Weg nach Hause zu machen, ohne weitere Beweise zu fordern."

Die Entscheidung des Vaters

Der Beamte wusste nicht genau, was er denken sollte. Die vergangenen Stunden waren von zunehmender Unruhe und Angst geprägt gewesen. Es schien schon eine Ewigkeit her zu sein, seit der Junge krank wurde. Sie hatten sofort die besten Ärzte gerufen, die in königlichen Diensten standen. Aber der Zustand hatte sich trotzdem immer weiter verschlechtert, bis schließlich der entsetzliche Augenblick kam, an dem die Ärzte den Jungen aufgaben und für unheilbar erklärten. Völlig aufgelöst vor Kummer wird er es seiner Frau gesagt haben. In der Stadt hatte er gehört, dass Jesus aus Jerusalem zurückgekehrt war, wo er einige erstaunliche Wunder vollbracht haben sollte, und jetzt war er wieder in Kana. Sollten sie es jetzt ebenfalls mit Jesus versuchen? Das würde für ihn bedeuten, den Jungen allein zu lassen und nach Kana zu reiten. Und das gefiel ihm gar nicht. Er hatte das Gefühl, wenigstens irgendetwas Gutes zu tun, wenn er nur an dem Bett sitzen blieb, um die Hand des Kindes zu halten. Das war natürlich irrational und half dem Kind überhaupt nicht, außerdem schien der Tod nur eine Frage der Zeit zu sein. So entschieden sie sich, es mit Jesus zu versuchen. Er war ihre einzige Hoffnung. Nachdem er sich vom Krankenbett losgerissen hatte, war er die 30 verzweifelt langen Kilometer hergeritten, so schnell er konnte. Jeder Kilometer, den er hinter sich hatte, war ihm zur Qual geworden, weil ihm dabei klar wurde, dass er mit Jesus den ganzen Weg ja auch noch zurückkommen musste. Von Zeit zu Zeit beflügelte die Hoffnung seine Fantasie, und er konnte sich sehen, wie er Jesus die letzten Stufen hinauf ins Haus drängte. Er konnte sich den dramatischen Augenblick vorstellen, wenn Christus die Hände auf den Kopf des Kindes legt und der kleine Bursche sich aufrichtet und sagt:

„Es geht mir besser, Papa." Doch ein Stolpern des Pferdes holte ihn zurück in die Wirklichkeit. Er hatte Kana noch nicht erreicht, geschweige denn den Rückweg hinter sich gebracht. Noch viele Kilometer waren zu bewältigen. Und der Weg schien immer länger zu werden. Als er schließlich bei Jesus ankam, hatte er sich einen Plan zurechtgelegt, wie er ihn überreden wollte, auf schnellstem Weg zurück mit nach Kapernaum zu kommen – wenn er nur dazu bereit war. Auch die genaue Route und die dafür benötigte Zeit hatte er genau im Blick.

Ja, und dann waren plötzlich alle Pläne über den Haufen geworfen. „Der Junge", sagte Christus, „ist bereits gesund." Es war gar nicht so einfach, dabei nicht die Beherrschung zu verlieren. Nirgends war etwas von Wunderkräften zu spüren, keinerlei elektrisierende Atmosphäre rings um ihn her, auch in seinem Innern gab es kein ekstatisches, erhebendes Gefühl; nichts als die schlichte und einfache Aussage Jesu: „Geh hin, dein Sohn lebt." Das wirkte nach all dem Stress und der angstvollen Aufregung irgendwie unwirklich.

Nichts als dieses knappe Wort! Sollte er sich damit zufriedengeben, wo doch jeder Nerv, jedes Blutgefäß in seinem Körper bis zum Äußersten angespannt war und nach Aktion schrie? Nur ein schlichtes Wort! Sollte er es wirklich riskieren und das Leben seines Kindes allein aufgrund der knappen Aussage dieses Mannes aufs Spiel setzen, ohne jegliche Beweise? Jesus hatte zwar gesagt, dass die Sache bereits geregelt sei und dass es dem Kind wieder gut ginge. Für Jesus war das auch keine risikoreiche Sache, denn er hatte das Kind bereits in dem Augenblick geheilt, als der Vater ihn bat mitzukommen. Die Frage für den Vater bestand darin: Was ist, wenn Christus nicht die Wahrheit sagt und man seinem Wort nicht trauen kann? Dann würde sein Kind nicht geheilt und würde sterben, vielleicht kurz bevor er wieder zurück nach Hause kam. Aber auch ohne Christus würde das Kind sowieso sterben. Wenn Christus das Kind nicht wirklich geheilt hatte, machte es sowieso keinen Unterschied, außer dass er dann gelogen hätte. Und wenn Christus ihn nur mit Lügen abspeiste, dann machte es auch gar keinen Sinn mehr, weiterhin einen Lügner anzubetteln, dass er mit ihm kommt, um seinen Jungen zu heilen. Andererseits, wenn Christus die Wahrheit sagte und der Junge schon gesund war, dann bestand ebenfalls keine Notwendigkeit mehr, Christus weiterhin anzubetteln, dass er mit ihm kommt. So oder so, er musste gehen und die Heimreise antreten.

Was sollte er nur glauben? Er war gekommen, weil er seine letzte Hoffnung auf Christi Wunderkräfte gesetzt hatte; nun aber ging es nicht mehr um seine Wunderkräfte, sondern um seinen Charakter. Konnte man Jesus vertrauen, oder war er ein Betrüger? Er musste sich entscheiden. Wie aber sollte er das anstellen? Der Anblick seines kleinen Jungen stand ihm noch vor Augen. Auch der seiner Frau, die kurz davor stand, dass ihr das Herz brach, während sie ängstlich versuchte, den Kleinen zu beruhigen, der sich im Fieberwahn hin und her wälzte. „Geh“, hatte Christus gesagt, „dein Sohn lebt.“ Aber Ängste halfen hier nicht weiter. Über diesen Jesus musste eine Entscheidung getroffen werden. Sollte er ihm trauen oder nicht? Danach richtete sich, was er zu tun hatte. Als Hofbeamter war er es gewöhnt, sich mit Menschen zu treffen, und jedes Mal musste er sich entscheiden, ob er deren Worten vertrauen konnte oder nicht. Dasselbe musste er jetzt bei Christus tun. Er drehte sich um und sah Christus direkt an, von Mann zu Mann. Einen langen Augenblick lang suchten seine Augen die Augen Jesu und erforschten kritisch seinen Gesichtsausdruck. Johannes berichtet uns: „Der Mann glaubte dem Wort, das Jesus zu ihm sagte“ (4,50). Und wir können uns gut vorstellen, dass er sich vor ihm verbeugte und sagte: „Danke, Herr, danke dafür, dass du mein Kind geheilt hast!“, bevor er sich umwandte und ging.

Die Heimreise

Es war erst die siebte Stunde oder ein Uhr mittags, und das bedeutete: Wenn er sich sofort auf den Weg machte und ebenso schnell zurückritt, wie er nach Kana gekommen war, dann würde er Kapernaum noch in der Abenddämmerung des gleichen Tages erreichen. Tatsächlich aber berichtet uns die Bibel, dass er nicht vor dem nächsten Tag zurückkam (V. 52). Wohin er ritt und was er tat, wird uns nicht berichtet. Wir dürfen davon ausgehen, dass es nicht ein Mangel an Liebe zu seinem Kind und seiner Frau war, der ihn hinderte, sofort heimzukehren. Vielleicht waren es die schlaflosen Nächte und die Strapazen der letzten Tage und der hektische Ritt nach Kana, die jetzt ihren Tribut forderten, sodass er sich außerstande sah, direkt nach Hause zu reiten, ohne vorher etwas geschlafen zu haben. Aber was immer er auch getan haben mag, sein Zögern heimzureiten ist ein wunderbares Zeugnis seines Glaubens. Christus hatte gesagt, sein Junge sei gesund, und der Mann glaubte, was Jesus gesagt hatte.

Glaube bedeutet, dass man nicht nur zögerlich und halbherzig in Christi Aussagen einwilligt, sondern dass man darauf vertraut und dann auch entsprechend handelt. Wenn Christus gesagt hat, der Junge sei gesund, dann war er auch gesund. Wahrscheinlich war er im selben Augenblick bereits aufgestanden und hatte angefangen, mit seinen Spielsachen zu spielen. Und seine Frau war sicher bereits völlig aus dem Häuschen vor Freude. Die wundersame Plötzlichkeit, mit der sich der Junge erholt hatte, würde ihr schon klargemacht haben, dass ihr Mann Jesus angetroffen hatte, und dass es die Kraft Christi gewesen war, die ihren Sohn geheilt hatte. Ihr musste klar sein, dass alles in Ordnung war. Somit bestand auch für ihn keine Notwendigkeit, so eilig heimzureiten, wie er hergekommen war. Klar, er selbst hatte noch keinerlei Beweise dafür, dass zu Hause alles gut war – nur die bloßen Worte Christi und das, was man logischerweise daraus ableiten konnte. Aber wahrer Glaube ist – und sollte – eine logische Angelegenheit sein (siehe Mt 16,5-12).

Am nächsten Tag, als er sich seinem Haus näherte, ritten ihm seine Diener bereits entgegen. Sie hatten angenommen, dass er bald kommen musste, und so empfingen sie ihn ganz aufgeregt mit der Botschaft, dass sein Sohn vollkommen gesund sei. „Aber eins interessiert mich", sagte der Vater, „ab wann genau ging es dem Jungen besser?"

„Gestern um die siebte Stunde verließ ihn das Fieber", sagten sie.

Einen kurzen Augenblick dachte er nach. „Gestern zur siebten Stunde", sagte er, „Moment mal – das war ja genau zu der Zeit, als ich Jesus gerade gefunden hatte, um ihn zu bitten, mit mir zu kommen und meinen Sohn zu heilen. Und er sagte zu mir nur: ‚Das brauche ich nicht, der Junge ist bereits gesund. Ich habe ihn bereits geheilt!'"

Wie arbeitet der Glaube?

Es gibt Momente im Leben, in denen die Maßstäbe unseres menschlichen Daseins – die Maßstäbe von Rang, Zeit und Entfernung – zu verblassen scheinen, weil die Ewigkeit für einen kurzen Augenblick unseren Geist überflutet, mit einem klaren Gefühl der Unmittelbarkeit ihrer unveränderlichen Realität. Ein solcher Augenblick ereignete sich an jenem Morgen auf der Straße nach Kana, kurz vor Kapernaum. Da erlebten Herr und Knechte gemeinsam die unveränderliche, zeitlose und universelle Realität der absoluten Zuverlässigkeit Gottes in Christus. Für die Diener und alle Übrigen, die zum Haushalt des Beamten gehörten, war es eine erste Anfrage, ob sie an Christus glauben wollten; für den Beamten selbst jedoch war es der Höhepunkt eines Prozesses zunehmenden Glaubens. Zweimal erwähnt die Bibel ausdrücklich, dass „er glaubte". In Vers 50 heißt es: „Der Mann glaubte dem Wort, das Jesus zu ihm sagte", und in Vers 53 steht: „Er glaubte, er und sein ganzes Haus."

Als er sein Haus verließ, um zu Jesus zu gehen, hatte er zum ersten Mal geglaubt. Davor hatte er von Jesus gehört, von dessen Fähigkeit, Wunder zu tun. Es hatte ihn irgendwie ein wenig interessiert, doch da war noch kein persönlicher Glaube an Jesus oder seine Macht. Als er allerdings mit der Realität konfrontiert wurde, dass sein Kind sterben würde, da wurde Jesus seine einzige Hoffnung. Und an der Stelle traf er seine Entscheidung. Ihm war klar, dass er nichts tun konnte, wenn er zu Hause am Bett des Kindes blieb. Die einzige Hoffnung lag darin, zu Christus zu gehen und ihn zu bitten, zu ihnen zu kommen, um den Jungen zu heilen. Er traf seine Entscheidung und handelte dementsprechend. Und kaum hatte er Jesus gebeten, den Jungen zu heilen, hatte Jesus ihn bereits geheilt; denn es ist ein unwandelbarer Grundsatz, dass „jeder, der den Namen des Herrn anruft, gerettet wird". Und wenn der Apostel Paulus das sagt, gibt er zuvor den Grund dafür an: „denn er ist Herr über alle, und er ist reich für alle, die ihn anrufen" (Röm 10,12-13).

Der verzögerte Beweis

Dann aber musste der nächste und wahrscheinlich überlegtere und bewusstere Schritt des Glaubens kommen. Als er anfangs losgeritten war, um Jesus zu suchen, gründete sich sein Glaube auf vernünftige Beweise: er hatte von all den Wundern gehört, die Christus in Jerusalem auf dem Fest getan hatte (4,45), und außerdem hatte er zweifellos von dem früheren Wunder im galiläischen Kana gehört. Doch als Jesus zu ihm sagte: „Geh hin! Dein Sohn lebt", da hatte er keinen Beweis, auf den er seinen Glauben gründen konnte. Ganz sicher hatte er noch nie von einem Fall gehört, bei dem Jesus auf weite Entfernung jemand geheilt hatte; denn hätte er davon gehört, dann hätte er Christus bestimmt sofort um die Heilung seines Sohnes gebeten, ohne ihn zu bitten, mit nach Kapernaum zu kommen.

Daher war er nun mit der Herausforderung konfrontiert, ohne Beweise zu glauben, nur aufgrund des Charakters Jesu und seines Wortes. Es war allerdings auch in diesem Fall nicht so, dass der Beweis fehlte. Er lag in der Natur der Sache, in der Natur von Zeit und Raum. In einer Zeit, die noch keine Kommunikation über weite Entfernungen hinweg kannte, konnte der Mann über eine Entfernung von 30 Kilometern hinweg noch keinen Beweis dafür haben, dass sein Sohn in Kapernaum geheilt war. Später, wenn er nach Hause kam, würde es Beweise geben; aber für den Augenblick war es unvermeidlich: für ihn war der Beweis aufgeschoben. Doch der Mann glaubte trotzdem und handelte wieder aufgrund dieses Glaubens. Und das war nicht irrational von ihm; denn so viel er wusste, hatte Christus bereits viele andere Wunder getan. Obwohl das nicht bewies, dass er auch dieses Wunder gewirkt hatte, bestanden ausreichend vernünftige Gründe zu vertrauen, bis der Beweis vorlag. Dagegen wäre es unvernünftig gewesen, den Beweis für dieses konkrete Wunder einzufordern, bevor er überhaupt verfügbar war.

Der Beweis der Errettung

Sein Erleben ist auch für uns eine Lektion. Wenn wir zu Christus kommen, um errettet zu werden, so haben wir rings um uns her den Beweis, dass er bereits Tausende anderer Menschen errettet hat. Wenn wir persönlich den Namen des Herrn anrufen, errettet er uns sofort, denn „jeder, der den Namen des Herrn anrufen wird, wird gerettet werden". Aber es liegt in der Natur der Sache, dass sich der Beweis, dass er uns errettet und ewiges Leben gegeben hat, dass er uns heilig machen und uns schließlich in den Himmel bringen wird, mehr oder weniger verzögert eintritt. Das wird nur Schritt für Schritt ans Licht kommen, während wir unseren Weg gehen, und der Beweis wird erst dann vollendet sein, wenn wir im Himmel sind. Aber wenn wir zu Christus gekommen sind und ihn um Errettung gebeten haben, wird von uns erwartet, dass wir ihn beim Wort nehmen. Wir sollen seinem bloßen Wort glauben und im Glauben darauf handeln und unsere Heimreise antreten. Dabei sollen wir zulassen, dass sich die

Beweise erst nach und nach entfalten, während wir mit Christus unseren Weg gehen.

Und weiter sollten wir beachten: Wenn der Mann, nachdem der Herr ihm gesagt hatte: „Geh hin! Dein Sohn lebt", noch immer weiter gebeten hätte, dass Jesus seinen Sohn doch heilen soll, dann wären seine fortgesetzten Bitten kein Zeichen von Glauben, sondern von Unglauben gewesen. Es wäre sogar ein schwerer Unglaube gewesen, wie Johannes in seinem ersten Brief argumentiert (5,9-12). Wenn Gott sagt: „Wer an den Sohn Gottes glaubt, hat das Leben", und wenn ich dann sage: „Ich *habe* den Sohn Gottes angenommen; aber ich bin nicht sicher, ob ich das Leben habe oder nicht, deshalb bitte ich weiter, Gott möge mir das Leben geben", so ist *ein solches Gebet* eine Beleidigung für Gott. Denn wenn Gott sagt, ich hätte Leben und ich ihn weiter um Leben bitte, dann zeige ich damit, dass ich ihm nicht glaube. Und das bedeutet, Gott als Lügner hinzustellen.

Außerdem wird uns das unvermeidliche Fehlen von augenblicklichen Beweisen dazu bringen, den Glauben auf den Charakter Christi als Person zu richten und nicht nur auf die Tatsache, dass er dieses oder jenes Werk getan hat. So wie es auch beim königlichen Beamten gewesen ist. Es gibt natürlich viele Tatsachen über das Werk und die Person Christi, von denen wir glauben müssen, dass sie wahr sind. So werden wir z. B. aufgefordert zu glauben, dass Jesus der Sohn Gottes ist (1Jo 5,5); und es ist auch äußerst wichtig, dass wir diese Tatsache glauben. Aber noch wichtiger als all diese Fakten über Christus zu glauben, ist, an Christus selbst zu glauben und ihm als Person zu vertrauen. Und der Glaube an ihn als Person wird uns oft in Situationen bringen, in denen wir ihm vertrauen müssen, ohne jegliche sofortige Beweise zu haben – manchmal sogar trotz augenscheinlich widersprüchlicher Beweise. Aber der Beweis wird immer – mal früher, mal später – sichtbar werden, so sicher wie es bei dem Beamten war, als er zu Hause ankam.

Beständiger Glaube

Als er schließlich von seinen Dienern hörte, dass es dem Jungen gut ging und dass er tatsächlich genau in der Stunde gesund geworden war, in der Christus gesagt hatte: „Gehe hin! Dein Sohn lebt", da lesen wir, dass er selbst glaubte (4,53). Das bedeutet offensichtlich nicht, er hätte vorher nicht geglaubt, sondern dass er jetzt auf eine irgendwie andere Weise glaubte. Als er in Kana stand und mit Jesus sprach, hatte er sich entschlossen, dem Wort zu vertrauen, das Jesus zu ihm sprach (V. 50). Es war zum größten Teil eine Willensentscheidung, doch während ein Mensch seinen Willen beherrschen kann, ist es ihm doch nicht möglich, seine Empfindungen und Gefühle völlig unter Kontrolle zu bringen. Er hatte sich entschieden, Christi Worten zu glauben, und schloss logischerweise aus diesen Worten, dass für ihn jetzt keine Eile mehr geboten sei, nach Hause zu kommen. So übernachtete er offensichtlich in einem Gasthaus oder bei irgendeinem seiner Freunde.

Als er dann am Morgen oder auch schon früher wach wurde, mögen ihm seine Gefühle eingeredet haben, dass hier doch etwas falsch lief. Und vielleicht musste er sich seine Entscheidung wieder in Erinnerung rufen, dass er den Worten Christi glauben wollte, einerlei, was seine Gefühle ihm weiszumachen versuchten. Doch als er nach Hause kam und der Beweis vor ihm stand, da war es weder eine Frage des Willens noch der Entscheidung zu glauben. Jetzt glaubte er wie von selbst.

Aber wenn unsere eigene Erfahrung ein Anhaltspunkt sein kann, dann war der Glaube in diesem Fall mit einem tiefen Empfinden der Ehrfurcht gegenüber der absoluten Zuverlässigkeit Christi verbunden; von dem Bewusstsein, dass Christi Wort von Anfang an die Wahrheit war. Der Junge des Beamten war gesund, und nichts sollte daran etwas ändern, selbst wenn seine väterlichen Gefühle ihn immer noch ängstigten, dass der Junge nicht wirklich gesund sei. Solche Gefühle wären dann von Scham begleitet gewesen, dass er wieder an Jesus gezweifelt hatte und dem festen Entschluss, durch Gottes Gnade nie wieder an Christi Wort zu zweifeln.

DIE SECHSTE GESCHICHTE

Vom TOD *zur* HOFFNUNG

Als Christus kam,
um Lazerus aufzuwecken

Es war aber einer krank, Lazarus, von Betanien, aus dem Dorf der Maria und ihrer Schwester Marta. Maria aber war es, die den Herrn mit Salböl salbte und seine Füße mit ihren Haaren abtrocknete; deren Bruder Lazarus war krank. Da sandten die Schwestern zu ihm und ließen ihm sagen: Herr, siehe, der, den du lieb hast, ist krank!

Als aber Jesus es hörte, sprach er: Diese Krankheit ist nicht zum Tode, sondern um der Herrlichkeit Gottes willen, damit der Sohn Gottes durch sie verherrlicht wird. Jesus aber liebte die Marta und ihre Schwester und den Lazarus. Als er nun hörte, dass er krank sei, blieb er noch zwei Tage an dem Ort, wo er war. Danach erst spricht er zu den Jüngern: Lasst uns wieder nach Judäa gehen.

Die Jünger sagen zu ihm: Rabbi, eben suchten die Juden dich zu steinigen, und wieder gehst du dahin?

Jesus antwortete: Hat der Tag nicht zwölf Stunden? Wenn jemand am Tag umhergeht, stößt er nicht an, weil er das Licht dieser Welt sieht; wenn aber jemand in der Nacht umhergeht, stößt er an, weil das Licht nicht in ihm ist. Dies sprach er, und danach sagt er zu ihnen: Lazarus, unser Freund, ist eingeschlafen; aber ich gehe hin, damit ich ihn aufwecke.

Da sprachen die Jünger zu ihm: Herr, wenn er eingeschlafen ist, so wird er geheilt werden.

Jesus aber hatte von seinem Tod gesprochen: Sie aber meinten, er rede von der Ruhe des Schlafes.

Dann nun sagte ihnen Jesus geradeheraus: Lazarus ist gestorben; und ich bin froh um euretwillen, dass ich nicht dort war, damit ihr glaubt; aber lasst uns zu ihm gehen.

Da sprach Thomas, der auch Zwilling genannt ist, zu

den Mitjüngern: Lasst auch uns gehen, dass wir mit ihm sterben.

Als nun Jesus kam, fand er ihn schon vier Tage in der Gruft liegen. Betanien aber war nahe bei Jerusalem, etwa fünfzehn Stadien weit; und viele von den Juden waren zu Marta und Maria gekommen, um sie über ihren Bruder zu trösten. Marta nun, als sie hörte, dass Jesus komme, ging ihm entgegen. Maria aber saß im Haus.

Da sprach Marta zu Jesus: Herr, wenn du hier gewesen wärest, so wäre mein Bruder nicht gestorben; und jetzt weiß ich, dass, was du von Gott bitten magst, Gott dir geben wird.

Jesus spricht zu ihr: Dein Bruder wird auferstehen.

Marta spricht zu ihm: Ich weiß, dass er auferstehen wird in der Auferstehung am letzten Tag.

Jesus sprach zu ihr: Ich bin die Auferstehung und das Leben; wer an mich glaubt, wird leben, auch wenn er gestorben ist; und jeder, der da lebt und an mich glaubt, wird nicht sterben in Ewigkeit. Glaubst du das?

Sie spricht zu ihm: Ja, Herr, ich glaube, dass du der Christus bist, der Sohn Gottes, der in die Welt kommen soll. Und als sie dies gesagt hatte, ging sie hin und rief heimlich ihre Schwester Maria und sagte: Der Lehrer ist da und ruft dich. Als jene es hörte, stand sie schnell auf und ging zu ihm. Jesus aber war noch nicht in das Dorf gekommen, sondern war an dem Ort, wo Marta ihm begegnet war. Als nun die Juden, die bei ihr im Haus waren und sie trösteten, sahen, dass Maria schnell aufstand und hinausging, folgten sie ihr, da sie meinten, sie gehe zur Gruft, um dort zu weinen. Als nun Maria dahin kam, wo Jesus war, und ihn sah, fiel sie ihm zu Füßen und sprach zu ihm: Herr, wenn du hier gewesen wärest, so wäre mein Bruder nicht gestorben.

Als nun Jesus sie weinen sah und die Juden weinen, die mit ihr gekommen waren, ergrimmte er im Geist und wurde erschüttert und sprach: Wo habt ihr ihn hingelegt?

Sie sagen zu ihm: Herr, komm und sieh!

Jesus weinte. Da sprachen die Juden: Siehe, wie lieb hat er ihn gehabt! Einige aber von ihnen sagten: Konnte dieser, der die Augen des Blinden öffnete, nicht machen, dass auch dieser nicht gestorben wäre? Jesus nun, wieder in seinem Innern erzürnt, kommt zur Gruft. Es war aber eine Höhle, und ein Stein lag davor.

Jesus spricht: Nehmt den Stein weg! Die Schwester des Verstorbenen, Marta, spricht zu ihm: Herr, er riecht schon, denn er ist vier Tage hier.

Jesus spricht zu ihr: Habe ich dir nicht gesagt, wenn du glaubtest, so würdest du die Herrlichkeit Gottes sehen? Sie nahmen nun den Stein weg. Jesus aber hob die Augen empor und sprach: Vater, ich danke dir, dass du mich erhört hast. Ich aber wusste, dass du mich allezeit erhörst; doch um der Volksmenge willen, die umhersteht, habe ich es gesagt, damit sie glauben, dass du mich gesandt hast. Und als er dies gesagt hatte, rief er mit lauter Stimme: Lazarus, komm heraus!

Und der Verstorbene kam heraus, an Füßen und Händen mit Grabtüchern umwickelt, und sein Gesicht war mit einem Schweißtuch umbunden. Jesus spricht zu ihnen: Macht ihn frei und lasst ihn gehen!

Johannes 11,1-44

Jesus nun kam sechs Tage vor dem Passah nach Betanien, wo Lazarus war, den Jesus aus den Toten auferweckt hatte. Sie machten ihm nun dort ein Abendessen, und Marta diente; Lazarus aber war einer von denen, die mit ihm zu Tisch lagen. Da nahm Maria ein Pfund Salböl von echter, sehr kostbarer Narde und salbte die Füße Jesu und trocknete seine Füße mit ihren Haaren. Das Haus aber wurde von dem Geruch des Salböls erfüllt.

Es sagt aber Judas, der Iskariot, einer von seinen Jüngern, der ihn überliefern sollte: Warum ist dieses Salböl nicht für dreihundert Denare verkauft und der Erlös den Armen gegeben worden? Er sagte dies aber nicht, weil er für die Armen besorgt war, sondern weil er ein Dieb war und die Kasse hatte und beiseiteschaffte, was eingelegt wurde.

Da sprach Jesus: Lass sie! Möge sie es aufbewahrt haben für den Tag meines Begräbnisses! Denn die Armen habt ihr allezeit bei euch, mich aber habt ihr nicht allezeit.

Johannes 12,1-8

Ein Zeichen, das zugleich ein Gleichnis war

Kapitel 11 berichtet das abschließende Zeichen einer Reihe von sieben Zeichen, die nach Johannes aufgeschrieben wurden, „damit ihr glaubt, dass Jesus der Christus ist, der Sohn Gottes, und damit ihr durch den Glauben Leben habt in seinem Namen" (20,31). Somit hat das Zeichen der Auferweckung des Lazarus auch diese allgemeine Bedeutung; aber welche spezielle Bedeutung hat es außerdem?

Ich denke, dass eine der Bedeutungen, die mit diesem Zeichen beabsichtigt wurden, eine äußerst praktische ist. Jesus stand kurz davor wegzugehen. Und dies hier ist der Anfang davon, was zu seinem letzten Besuch in Jerusalem wurde. Dort sollte er gekreuzigt und begraben werden, um dann wieder aufzuerstehen, um in den Himmel aufgenommen zu werden. Selbst die Apostel erwarteten nicht wirklich, dass er sterben würde, ganz zu schweigen von all denen, die überall im Land an ihn glaubten. Als er schließlich im „Obersaal" zu ihnen sagte: „Weil ich dies zu euch geredet habe, hat Traurigkeit euer Herz erfüllt", konnten sie es sogar da noch nicht glauben. Er musste ihnen sagen: „Es ist euch nützlich, dass ich weggehe" (16,6-7). Die Kapitel 13–17 teilen uns mit, warum das so ist. Sein Weggehen war wichtig für ihre Heiligung, die vom Kommen des Heiligen Geistes abhängig war, und der würde nur kommen, nachdem Christus fortgegangen war.

Er würde also gehen. Aber was würde in all den Jahren passieren, in denen er fort war? Wie sah der Plan dafür aus? Wie würden sie am Glauben an ihn festhalten, weiter darauf vertrauen, dass er sie liebte und für sie sorgte, während er fort war? Dann, wenn die harte Lebenswirklichkeit, besonders der Tod, sie einholen würde, wie ein Sturm auf hoher See?

Dieses Thema wird aufgenommen, direkt von Beginn des Kapitels 11 an. Diese Familie aus Betanien – Marta, Maria und Lazarus – war eng mit Jesus verbunden. Es war dieselbe Maria, die die Füße des Herrn salben sollte, worüber wir auch kurz berichten werden (11,2; 12,3). Es war eine Familie, bei der der Herr mehrfach zu Gast war, wie Lukas berichtet (Lk 10,38-42). Als Lazarus krank wurde, sandten die zwei Schwestern einen Brief an unseren Herrn und berichteten: „Herr, siehe, der, den du lieb hast, ist krank!“ (Joh 11,3). Man beachte den Ton des Briefes. Er war nicht fordernd: „Lazarus ist krank. Komm bitte, so schnell du kannst, hierher!“ Nein, mit Freunden redet man nicht so, nicht wahr? Sie unterrichteten ihn nur, dass Lazarus, den er ja liebte, krank sei. Sie rechneten damit, dass die Liebe, die unser Herr für sie und Lazarus empfand, ausreichen würde, ihn zum Kommen zu bewegen. Aber er hatte nicht die Absicht, sofort zu kommen. Tatsächlich blieb er noch zwei ganze Tage dort, wo er gerade war (11,6).

Heilung aus der Ferne

Wenn wir an die Geschichte des königlichen Beamten denken (4,46-54), über die wir im vorigen Kapitel nachgedacht haben, könnte uns das etwas irritieren. Wir erinnern uns noch an den Bericht von dem Wunder. Da war der Sohn dieses Mannes krank und dem Tode nah, und der Vater war zu Jesus gekommen und bat ihn um Heilung. Er glaubte, dass Jesus ihn heilen konnte; aber Jesus war auf dem Fest in Jerusalem, und so gab es keine Möglichkeit, mit ihm in Verbindung zu kommen. Dann hörte der Mann, Jesus sei nach Galiläa zurückgekommen. Nun bestand eine Chance! Jesus war im galiläischen Kana, so kam der Beamte aus Kapernaum, am See entlang und dann über die Hügel nach Kana. Dort bat er: „Komm und heile meinen Sohn!“ Und Jesus sagte ihm: „Das Problem mit euch Leuten hier ist, dass ihr nicht glaubt, wenn ihr nicht Zeichen und Wunder seht.“

Und der Mann sagte, wenn ich seine Gedanken in eigene Worte fassen darf: „Herr, sieh, mein Sohn ist sterbenskrank; hör bitte auf, jetzt zu theologisieren. Wenn es ihm besser geht, können wir weiter über Theologie reden; aber er ist sehr krank. Bitte, wenn du irgend kannst, *komm* sofort, um ihm deine Hand aufzulegen!“

Und unser Herr sagte: „Lieber Mann, du hast mich missverstanden. Deinem Sohn geht es schon besser.“

„Mein Sohn ist schon gesund?“

„Ja, du batest mich, ihn zu heilen, nicht wahr, und ich habe ihn geheilt.“

Das brachte den Mann aus der Fassung, weil er noch nicht sehen konnte, dass der Junge gesund war! Doch nun bewies Christus etwas, von dem uns Johannes bisher noch nicht berichtet hatte, nämlich, dass er auch aus der Ferne heilen konnte. Der Mann musste sich jetzt entscheiden, ob er Christus glauben wollte oder nicht. Ihm zur Ehre sei gesagt, dass er glaubte und sich auf den Heimweg begab; wenn auch anscheinend nicht direkt, weil er erst am nächsten Tag heimkam. Erst als er dort ankam, sah er den Beweis. Ja, dem Jungen ging es gut. Und um seine Neugier zu befriedigen, befragte er seinen Bediensteten: „Nun müsst ihr mir aber auch sagen, seit wann es dem Jungen besser geht!“

Und sie sagten: „Oh, das war gestern so um die siebte Stunde.“

Er rechnete nach. War es genau in dem Augenblick (und das ist äußerst wichtig), „als er es glauben konnte“? Nein, das steht hier nicht. Es war in dem Augenblick, „als Jesus zu ihm sagte: Dein Sohn lebt“ (4,53).

Es war ein Wunder, das zeigte, dass Jesus auch aus der Ferne Wunder tun konnte. Und wenn Sie diesem Wunder aufmerksam gefolgt sind, werden Sie sagen: „Gut, es ist klar, dass er in diesem Fall genauso handeln wird. Und wenn er aus Betanien die Nachricht erhält, dass sein lieber Freund Lazarus schwerkrank ist, wird er handeln. Er braucht nicht hinzugehen. Er kann ruhig zwei weitere Tage an dem Ort bleiben, wo er ist, denn er kann ja aus der Ferne heilen! Er braucht nur ein Wort zu sagen, und Lazarus wird gesund. Ganz einfach, nicht wahr?"

Aber zwei Tage später sagte er zu den Aposteln: „Lazarus ist eingeschlafen."

Und die antworteten: „Oh Herr, dann wird er ja wieder gesund, wenn er nur eingeschlafen ist."

„Nein", sagte Jesus, „ich wollte damit sagen, dass er gestorben ist." Und dann fügte er noch hinzu: „Ich bin froh, dass ich nicht dort war."

Was in aller Welt hat er da gesagt? Wenn er aus der Ferne heilen konnte, brauchte er nicht hinzugehen und hätte ihn doch so heilen können!

Jetzt könnte man sich denken: „Na gut, geheilt hat er ihn nicht; aber jetzt wird er ein Wort sagen und ihn aus der Ferne von den Toten auferwecken."

Aber auch das tat er nicht. Stattdessen sagt er: „Lasst uns wieder nach Judäa gehen."

Wie reagierten Marta und Maria?

Als er dann nach Betanien in Judäa kam, lief ihm Marta entgegen. Ihre ersten Worte waren: „Herr, wenn du hier gewesen wärest, so wäre mein Bruder nicht gestorben" (11,21).

Unser Herr erwiderte darauf: „Dein Bruder wird auferstehen."

„Ich weiß das“, sagte Marta. (Sie war, was das anging, eine gute Pharisäerin. Genau wie diese glaubte sie an die Auferstehung.) „Herr, ich weiß, dass er am letzten Tag auferstehen wird. Aber das hilft im Augenblick nicht so sehr, oder? *Wärest du hier gewesen*, wäre er erst gar nicht gestorben!“ Was sie damit sagen wollte, war: „Warum bist du nicht gekommen?“ Trotzdem blieb Martas Glaube siegreich, denn sie sagte: „Jetzt weiß ich, dass, was du von Gott bitten magst, Gott dir geben wird.“

Als Marta ihr Gespräch mit Jesus beendet hatte, kam Maria aus dem Haus. Sie war keine so gute Theologin wie Marta. Als sie zu Christi Füßen zusammenbrach, brachte sie nur diesen einen Satz zustande: „Herr, wenn du hier gewesen wärest, so wäre mein Bruder nicht gestorben.“

Unser Herr war bewegt, als er ihre Tränen sah und die der übrigen Trauernden. Diese Volksmenge wusste, dass er Lazarus geliebt hatte; doch Einige von ihnen sagten: „Konnte dieser, der die Augen des Blinden öffnete, nicht machen, dass auch dieser nicht gestorben wäre?“ Er hatte ihn doch so lieb, nicht wahr? Er stöhnte innerlich, weil sich jetzt die Frage erhob, ob er Lazarus wirklich liebte.

Der Zeitpunkt der Auferweckung

Wir wissen natürlich, dass er den Lazarus auferweckt hat. Aber dieses Wunder, dass er ihn wieder vom Tod zurückgeholt hat, ist wie auch die anderen Wunder ein *Zeichen*. Die Vermehrung von Broten und Fischen z. B. waren ein Zeichen dafür, dass Jesus das Brot des Lebens ist (6,35). Wofür war nun die Auferweckung des Lazarus ein Zeichen? Es war das Zeichen dafür, dass er die

Auferstehung und das Leben ist, wie er es auch ausdrücklich zu Marta sagte (V. 25).

Wann wird die Auferstehung stattfinden? Wird sie an jedem beliebigen weiteren Tag oder in Jahrhunderten geschehen? Nein, die Auferstehung wird erst dann stattfinden, wenn Christus wiederkommt! Es wird nicht während seiner Abwesenheit geschehen. Das gesamte übrige Neue Testament besteht auf dieser Tatsache. Die Auferstehung wird beim *Wiederkommen* des Herrn stattfinden. Unser Herr wird bei der Auferstehung der Gläubigen dabei sein. Er wird nicht von seinem himmlischen Thron aus plötzlich diese Worte sprechen, auf die hin dann alle Toten auferstehen werden.

> „Denn der Herr selbst wird beim Befehlsruf, bei der Stimme eines Erzengels und bei dem Schall der Posaune Gottes herabkommen vom Himmel, und die Toten in Christus werden zuerst auferstehen; danach werden wir, die Lebenden, die übrig bleiben, zugleich mit ihnen entrückt werden in Wolken dem Herrn entgegen in die Luft; und so werden wir allezeit beim Herrn sein." (1Thes 4,16-17)

> „Denn wie in Adam alle sterben, so werden auch in Christus alle lebendig gemacht werden. Jeder aber in seiner eigenen Ordnung: der Erstling, Christus; sodann die, welche Christus gehören bei seiner Ankunft." (1Kor 15,22-23)

Die Auferstehung des Lazarus ist ein Zeichen für die großartige Wirklichkeit der Auferstehung und der Wiedervereinigung der Lebenden und der Toten, wenn der Herr kommt.

In unserem Text wird uns gezeigt, dass Marta und Maria einen Brief an ihn schickten, in dem stand: „Herr, siehe, der, den du liebhast, ist krank!“ Das war wie ein Stoßgebet für die Heilung des Lazarus von seiner Krankheit; aber unser Herr blieb, wo er war, und ließ ihn sterben. Aber er weckte ihn dann auf, als er zu ihnen kam. Was für ein schlichtes Gleichnis ist das! Obgleich es auch ein Wunder ist. Es steht an dieser Stelle, um seine Nachfolger auf sein Fortgehen vorzubereiten, nachdem er gekreuzigt und wieder auferstanden und in den Himmel zurückgegangen war.

Jene, die entschlafen sind …

Was geschieht nun während dieser Zeit, in der Christus fort ist, mit seinen Nachfolgern, wenn sie krank werden? Nun, auch wir schicken dem Herrn eine Botschaft, nicht wahr? „Herr, der liebe Bruder Soundso ist mit einem Herzinfarkt ins Krankenhaus eingeliefert worden.“ Und wenn es dem Herrn gefällt, stellt er ihn wieder her, und das tut er auch oft. Aber letztendlich tut er es dann doch nicht, oder? Habe ich nicht Recht, wenn ich sage, dass seit der Himmelfahrt Christi die meisten Gläubigen gestorben sind? Ich leugne nicht, dass der Herr manchmal unsere Gebete erhört und unsere Lieben heilt, wenn sie krank sind; er tut das wirklich. Aber letztlich werden wir alle einmal sterben – bis dass der Herr wiederkommt.

Es gibt keinen Grund, sich darüber aufzuregen. Man blicke nur auf das Muster! Die Toten werden auferweckt und mit den Lebenden vereinigt, sobald der Herr *kommt*.

Dieses Zeichen für Marta und Maria und Lazarus war auch ein Gleichnis für uns, und darum sollten auch wir nicht beunruhigt sein, wenn unser Herr während seiner Abwesenheit erlaubt, dass einer unserer Lieben stirbt. Das Versprechen, ein zweites Mal zu kommen, bleibt davon unberührt. Er wird wiederkommen! Und es ist wunderbar zu sehen, dass er tatsächlich wiederkam, nachdem er Lazarus auferweckt hatte.

> „Jesus nun kam sechs Tage vor dem Passah nach Betanien, wo Lazarus war, den Jesus aus den Toten auferweckt hatte. Sie machten ihm nun dort ein Abendessen." (Joh 12,1-2)

Gestatten Sie Ihrer Fantasie, einen kurzen Augenblick bei der Geschichte zu verweilen. Hier waren Marta und Maria, dazu die zwölf Jünger und der Herr und Lazarus, der jetzt aus den Toten auferstanden war, und sie bereiteten dem Herrn ein Abendessen! Es wird noch ein weiteres Abendessen geben, nicht wahr? Das wird stattfinden, wenn die Toten auferweckt und die Lebenden verwandelt worden sind, vereint mit der Menge der Jünger aus allen Zeitaltern. Was für ein Abendessen wird das sein! Es wird das Hochzeitsmahl des Lammes sein (Offb 19,6-9).

Somit ist das Zeichen von Johannes 11 dazu bestimmt, den Gläubigen in der gesamten Zeit der Abwesenheit unseres Herrn als Trost und Ermutigung zu dienen, bis er wiederkommt. So ist unser Herr: Durch dieses Gleichnis, durch dieses Wunder zeigt er uns seinen Plan, damit wir im Lauf der Jahre nicht verunsichert werden. Er bereitete seine Leute – Marta und Maria und Lazarus und alle, die ihnen folgen würden – auf sein Fortgehen und sein zukünftiges Wiederkommen vor.

Und doch, so hilfreich sich seine Vorbereitung für seine Nachfolger auch erweisen würde, es bleibt die Tatsache bestehen, dass alle, die zum Glauben an ihn gekommen waren, seinem

Weggehen ins Auge blicken mussten, und nicht nur seiner Abwesenheit, sondern zunächst seinem Tod. Dass er einen engen Freund von den Toten auferweckte, war wunderbar; aber was würde es für all ihre Hoffnung bedeuten, wenn derjenige, der für sich in Anspruch nahm, die Auferstehung und das Leben zu sein, wenn dieser selbst starb? Wenn er seine Nachfolger darauf vorbereiten wollte, dieser Glaubensherausforderung ins Auge zu blicken, dann bedurfte das noch einer weiteren Lektion.

Vorbereitung für das eigene Begräbnis

Für Gott ist der Tod ein Schandfleck und eine schlimme Verunreinigung seines Universums. Der Tod ist eine Beleidigung Gottes, des Schöpfers, ein abscheulicher Gestank für Gott. Gott war es, der die Menschen in seinem eigenen Bild erschaffen hat, und darum ist ein toter, in Verwesung übergegangener Körper für ihn genauso abscheulich wie für uns, oder sogar noch abscheulicher. Und im Alten Testament lehrte er sein Volk, dass alle, die einen Toten berührten, sich von aller Verunreinigung und allem Geruch des Toten reinigen mussten (siehe z. B. 3Mo 21).

Bei unserer Reise durch das Johannesevangelium kommen wir nun zu der Zeit des großen Passahfestes. Wir sehen, wie das Volk hinauf nach Jerusalem zieht, um sich von den Verunreinigungen des Todes zu reinigen. Und ohne dass sie es merken, kommt hier das große Passahlamm. Durch seinen Tod wird er alle Verunreinigungen der Sünde entfernen und allen, die an ihn glauben, ein neues Leben schenken – ein Leben in Christus, das wahre Leben aus Gott, ein Leben, das niemals sterben wird – das wird sie dann befähigen, in Geist und Wahrheit zu Gott zu kommen. Sie dürfen in die nahe Gegenwart des unvergänglichen und unsterblichen Gottes kommen. Das ist der Rahmen für dieses Kapitel. Und all das beginnt mit der hier eröffneten Szene beim Abendessen, das für den Herrn im Haus von Marta und Maria und Lazarus zubereitet worden war. Während sie dort versammelt waren, eröffnete er ihnen, dass sein Begräbnis bevorstand. Er hatte also keine Angst davor, nach Jerusalem zu gehen, weil er dort sterben könnte, sondern er kündigt hier sein Begräbnis bereits an. Außer vielleicht für Marta und Maria, war das etwas Neues für seine Jünger. Obwohl er es ihnen mehrfach gesagt hatte, konnten sie es einfach nicht begreifen, dass Jesus sterben sollte. Erst als er tatsächlich gestorben war, begannen sie zu verstehen. Sie dachten, dass er bald als König regieren würde. Doch hier verkündete er: bevor er als König auftritt, musste er sterben.

Es ging dabei nicht nur darum, dass er sterben würde, er sollte auch *begraben werden*. Als jemand Einspruch erhob, als Maria seine Füße mit kostbarem Öl salbte, sagte Jesus: „Lass sie! Möge sie es aufbewahrt haben für den Tag meines Begräbnisses!“ (12,7). Das ist ein wichtiger Teil des Evangeliums; denn das Evangelium hat zum Inhalt, „dass Christus für unsere Sünden gestorben ist nach den Schriften“, aber auch, „dass er begraben wurde“, so buchstäblich, wie es bei Ihnen oder mir eines Tages der Fall sein wird, „und dass er auferweckt worden ist am dritten Tag nach den Schriften“ (1Kor 15,3-4).

Es war Judas, der sich dagegen aussprach, und als er es tat, sagte Jesus: „Die Armen habt ihr allezeit bei euch, mich aber habt ihr nicht allezeit.“ Auf diese Weise verteidigte er Maria, die ihr Salböl auf ihn ausgoss. Sie hatte ihn mit kostbarer Narde gesalbt, die mehr als 300 Denare wert war. In jenen Tagen verdiente ein Arbeiter einen Denar pro Tag. Weil sie am Sabbat nicht arbeiteten, entsprachen 300 Denare dem Jahreslohn eines Tagelöhners. Wir wollen das auf moderne Weise ausdrücken: Sie opferte einen ganzen Jahreslohn für Christus! Und Christus rechtfertigte ihr Handeln zunächst damit, dass er kurz davor stand zu sterben und beerdigt zu werden.

Judas dagegen sagte, dies sei unverantwortlich und ein Zeichen für religiösen Fanatismus. Man hätte es verkaufen und den Armen geben sollen! „Was für ein Zeugnis wäre das vor der Welt, wenn man mitbekäme, wie verschwenderisch wir sind, während es so viele arme Menschen gibt, die nicht genügend Geld haben, um das nötigste Brot zu kaufen!“ Es gibt auch moderne Judasse, die so reden. Allerdings war er ein Dieb, und wenn die Narde tatsächlich jemals verkauft worden wäre, hätte er zugesehen, sich einen Teil davon zu sichern, wenn er nicht alles eingestrichen hätte.

Wenn ein Familienglied – sagen wir: eine Tochter – im Januar einen Spanienurlaub und im Februar einen in Portugal und die dazugehörige Kleidung fordern würde, dann würde man wohl sagen: „Na ja, ich habe dich wirklich lieb, aber ist das nicht ein bisschen übertrieben?“ Aber wenn diese Tochter einen bösartigen Krebs hätte und man wüsste, dass sie ziemlich sicher im nächsten Jahr tot sein würde, dann würde man sie vielleicht fragen, ob sie nicht noch einen letzten Wunsch hat. Und wenn sie dann sagte: „Ja, ich würde gern eine Weltreise machen, und der Arzt wäre damit einverstanden“, sagten wir dann auch noch: „Ist das nicht ein bisschen übertrieben“? Wenn es die letzte Möglichkeit wäre, der Tochter unsere Liebe zu zeigen, gäben wir den letzten Cent aus, den wir locker machen können. Hätten die Apostel verstanden, dass Jesus kurz vor seinem Tode stand, und dies eine der letzten Gelegenheiten war, ihm gegenüber Dankbarkeit,

Liebe und Anerkennung zum Ausdruck zu bringen, wie wäre dann irgendeinem von ihnen auch nur der Gedanke gekommen, ihn zu tadeln?

Seine zweite Rechtfertigung für Marias Handeln lautete:

„Möge sie es aufbewahrt haben für den Tag meines Begräbnisses!" Das sollte ein Begräbnis werden, das den Tod für immer auslöschen wird.

Nehmen wir an, jemand hätte eine Million Euro, aber auch eine tödliche Krankheit. Stellen wir uns vor, jemand käme zu ihm mit dem Vorschlag: „Ich garantiere Ihnen, dass ich Sie heilen kann. Die Medizin ist äußerst teuer, und ich muss 900.000 Euro dafür berechnen; sonst wird es keine sechs Monate dauern, und Sie sind tot!" Würde dann jemand sagen: „Das kann ich mir nicht leisten"? Natürlich würde man antworten: „Was habe ich von dem Geld, wenn ich tot bin? Wenn Sie mich heilen können, selbst wenn das 900.000 Euro kostet, schreibe ich gleich einen Scheck aus. Was ist Geld im Vergleich zum Leben?"

Wenn jenen Aposteln plötzlich bewusst geworden wäre, dass Jesus im Begriff stand zu sterben, um sie für ewig vom Sterben zu erlösen, wäre ihnen nichts zu groß vorgekommen, um es ihm zu geben. Nur Maria begann es zu dämmern, welche Bedeutung dieses Begräbnis von Christus haben würde, und was es bewirken könnte.

Man könnte einwenden, sie hätte es ja gar nicht für sein Begräbnis getan, weil sie nicht dabei war. Natürlich nicht; aber anstatt es den Armen zu geben, gab sie es Christus, während er noch lebte. Als er begraben wurde, brauchte er es nicht mehr.

Der Brauch, mit parfümierten Salben den Körper entschlafener Menschen einzureiben, geschah aus praktischen Erwägungen, um den Leichengeruch zu überdecken. Die Verwesung setzte bald ein, nachdem Lazarus ins Grab gelegt worden war. Marta hatte Recht, als sie sagte, dass der Körper des Lazarus nach vier Tagen zu riechen begonnen hätte. Doch als Jesus ins Grab gelegt wurde, gab es keine Verwesung. Denn diese steht am Ende des gesamten Todes-Prozesses; er aber würde wieder auferstehen! Wie David im Psalm 16 sagte: „Dein treuer Diener wird die Verwesung nicht sehen“ (V. 10; NeÜ), so brauchte er auch keine Einbalsamierung, um den Gestank des Todes zu überdecken. Maria hatte das zusammen mit Marta begriffen, und anstatt auf seinen Tod zu warten, verwandte sie ihr Geld, solange noch die Chance bestand, dem lebenden Herrn zu zeigen, wie sehr sie ihn schätzte.

Im Gegensatz zu allen Verächtern und Kritikern äußerte Christus ein Lob: „Lass sie!“ Johannes hat dasselbe griechische Wort bei der Geschichte des Lazarus verwendet. Als Lazarus mit Leichentüchern umbunden aus dem Grab kam, sagte Christus: „Macht ihn frei und *lasst ihn* gehen!“ (Joh 11,44). Er sollte nicht länger vom Tod und der Angst davor gebunden sein. Und jetzt sagt er über Maria: „Lass sie in Ruhe! Sie hat das als Vorbereitung für mein Begräbnis getan“ (12,7; NeÜ).

Das ist das Gebot, das uns sagt, dass wir unsere Werte im Leben in die richtige Richtung und ins rechte Verhältnis bringen sollen. Wir sind tatsächlich den Armen gegenüber verpflichtet, das können wir nicht durch noch so viele fromme Lieder kompensieren.

Glauben wir wirklich, dass Jesus für uns starb, um die Macht des Todes zu brechen und uns aus dem Grab zu holen und uns ein herrliches, ewiges Leben zu geben? Wenn wir das täten, würden wir ihm nicht alles dafür geben, welchen Wert würden wir ihm zumessen? Käme uns dann noch irgendetwas zu übertrieben vor?

Lassen Sie mich an dieser Stelle einen Rat geben: Warten Sie nicht zu lange; denn wenn wir erst tot sind, können wir ihm gar nichts mehr geben. Mein Rat wäre, es jetzt gleich zu tun, während wir noch die Möglichkeit dazu haben, auch damit wir unsere Prioritäten richtig setzen. Maria salbte unseren Herrn Jesus mit kostbarem Öl zur Vorbereitung für sein Begräbnis, weil sie zusammen mit ihrer Schwester Marta entdeckt hatte, dass er der Christus ist, der Sohn Gottes, der in die Welt kommen sollte; und dass er die Auferstehung und das Leben ist. Und Maria wartete nicht, bis er gestorben und begraben war, bevor sie ihn gesalbt hatte, sondern opferte bereits im Voraus diese große Summe.

DIE SIEBTE GESCHICHTE

Vom VOLLBAD *zur* FUSS-WASCHUNG

Was Christus tut,
wenn er uns reinigt

Vor dem Passahfest aber, als Jesus wusste, dass seine Stunde gekommen war, aus dieser Welt zu dem Vater hinzugehen – da er die Seinen, die in der Welt waren, geliebt hatte, liebte er sie bis ans Ende.

Und bei einem Abendessen, als der Teufel schon dem Judas, Simons Sohn, dem Iskariot, es ins Herz gegeben hatte, dass er ihn überliefere, steht Jesus – im Bewusstsein, dass der Vater ihm alles in die Hände gegeben und dass er von Gott ausgegangen war und zu Gott hinging – von dem Abendessen auf und legt die Oberkleider ab; und er nahm ein leinenes Tuch und umgürtete sich. Dann gießt er Wasser in das Waschbecken und fing an, die Füße der Jünger zu waschen und mit dem leinenen Tuch abzutrocknen, mit dem er umgürtet war.

Er kommt nun zu Simon Petrus; der spricht zu ihm: Herr, du wäschst meine Füße?

Jesus antwortete und sprach zu ihm: Was ich tue, weißt du jetzt nicht, du wirst es aber nachher verstehen.

Petrus spricht zu ihm: Du sollst nie und nimmer meine Füße waschen!

Jesus antwortete ihm: Wenn ich dich nicht wasche, so hast du kein Teil mit mir.

Simon Petrus spricht zu ihm: Herr, nicht meine Füße allein, sondern auch die Hände und das Haupt!

Jesus spricht zu ihm: Wer gebadet ist, hat nicht nötig, sich zu waschen, ausgenommen die Füße, sondern ist ganz rein; und ihr seid rein, aber nicht alle.

Denn er kannte den, der ihn überlieferte; darum sagte er: Ihr seid nicht alle rein.

Johannes 13,1-11

Eine Zeit zum Lernen

Die Kapitel 13–16 des Johannesevangeliums führen uns durch das, was wir die Heiligungsschule des Herrn nennen können. Während einige der späteren Lektionen auf dem Weg nach Gethsemane gehalten wurden, lehrte Christus die ersten Lektionen passenderweise in der stillen Abgeschiedenheit eines privaten Gastraums, in den er sich mit seinen Aposteln zurückgezogen hatte, um das jüdische Passah zu feiern. Als sie sich nach orientalischer Sitte in vertrauter Herzens-Gemeinschaft um den Esstisch niedergelassen hatten, zeigte Christus ihnen, dass Heiligung nicht in erster Linie eine Frage des Einhaltens von Geboten und Regeln, sondern eine Frage der Liebe ist – unserer Liebes-Erwiderung auf Gottes Liebe, die er uns in seinem Sohn Jesus Christus erwiesen hat, aus der heraus wir auch seine Gebote halten werden.

Zum Einstieg in diese Lektionen berichtet uns Johannes von einer Handlung unseres Herrn Jesus, die nirgendwo sonst aufgezeichnet wurde, nämlich dass er mitten im letzten Abendessen vom Tisch aufstand, seine Oberkleider ablegte, sich ein Handtuch umband, Wasser in ein Waschbecken goss und anfing, die Füße der Jünger zu waschen. Wenn wir das lesen, bekommen wir den Eindruck, dass diese besondere Handlung den Rahmen für die gesamte darauf folgende Unterhaltung bildete. So sollten wir diese Handlung in ihrem speziellen Kontext betrachten und darauf achten, was sie uns zu sagen hat, jedem von uns in seinem jeweiligen Bedürfnis nach Reinigung, die der Herr Jesus anbietet, wenn wir zu ihm kommen.

Er wäscht seinen Jüngern die Füße

Johannes berichtet uns, dass der Herr im Lauf des Abendessens eine Schüssel mit Wasser nahm und anfing, den Jüngern die Füße zu waschen. Das läuft an erster Stelle auf eine gewaltige Lektion in Demut hinaus. Er selbst wendet es so an; denn das Evangelium sagt uns:

> „Als er nun ihre Füße gewaschen und seine Oberkleider genommen hatte, legte er sich wieder zu Tisch und sprach zu ihnen: Wisst ihr, was ich euch getan habe? Ihr nennt mich Lehrer und Herr, und ihr sagt recht, denn ich bin es. Wenn nun ich, der Herr und der Lehrer, eure Füße gewaschen habe, so seid auch ihr schuldig, einander die Füße zu waschen. Denn ich habe euch ein Beispiel gegeben, dass auch ihr tut, wie ich euch getan habe." (Joh 13,12-15)

Dieses ist also die erste Lektion. Es ist eine praktische Lektion in der Christenpflicht, einander in Demut zu dienen, und die frühe Kirche nahm diese Lektion sehr ernst. Als z. B. der Apostel Paulus mit Timotheus über die Frage der Aufnahme von Witwen in die Unterstützungslisten der Gemeinde sprach, sagte er: „Ja, du musst dich zunächst erkundigen, wie sich diese Frau verhalten hat. Hat sie ein bequemes Leben geführt, oder hat sie wirklich anderen Leuten gedient? Hat sie den Heiligen die Füße gewaschen? – was bedeutet: Hat sie sich in Demut und Selbstlosigkeit in den Dienst für andere gestellt?" (siehe 1Tim 5,9-10). Aber es ist genauso klar, dass dieses Waschen der Füße der Jünger nicht nur eine praktische Lektion über Demut beinhaltet, sondern auf einer tiefergehenden Ebene eine gründliche Lektion über geistliche Reinigung vermittelt. Das wird deutlich, als der Herr zu Petrus kam und dieser Widerspruch einlegte.

Ich bewundere ihn dafür, dass er das tat, und ich hege in meinem Herzen den geheimen Wunsch, dass Petrus der Erste war, dem der Herr dann die Füße wusch. Denn wenn jene anderen, etwa die Herren Johannes und Jakobus, ohne jeglichen Protest dagesessen hätten, als der Herr ihnen die Füße wusch, dann könnte ich nicht sehr hoch von ihnen denken. Darum hoffe ich, dass Petrus der Erste war, der an die Reihe kam.

Petrus protestierte sofort: „Herr, niemals wirst du meine Füße waschen!" Damals gab man die Aufgabe, jemand die Füße zu waschen, gewöhnlich niedrigen Dienern oder gar nur Sklaven. Dass der Herr nun kommt und sich zu den Füßen der Jünger herabneigt, um sie zu waschen, das war einfach unvorstellbar. So musste Petrus protestieren. Aber der Herr schnitt ihm das Wort ab, korrigierte ihn und sagte. „Was ich tue, weißt du jetzt nicht, du wirst es aber nachher verstehen" (Joh 13,7).

„Aber nein", sagte Petrus darauf, „niemals sollst du meine Füße waschen."

Doch der Herr sagte: „Sieh mal, Petrus, wenn ich dich nicht wasche, hast du keinen Anteil an mir."

Petrus, der gewöhnlich von einem Extrem ins andere stürzte, fühlte sich berufen, den Herrn zu berichtigen, wenn dieser nach seiner Meinung berichtigt werden musste. So sagte er: „Gut, wenn das so ist, dann nicht nur meine Füße, sondern auch meine Hände und meinen Kopf!"

Und Jesus antwortete: „Wer gebadet ist, hat nicht nötig, sich zu waschen, ausgenommen die Füße, sondern ist ganz rein; und *ihr* seid rein, aber nicht alle" (13,10). So war der Herr hier offensichtlich weit über die schlichte Lektion über Demut hinausgegangen. Es war eine zutiefst geistliche Lektion.

Zwei Ebenen des Waschens

Unser Verständnis für diese geistliche Lektion beginnt damit, dass wir wahrnehmen, dass es bei dieser Reinigung durch Wasser zwei Ebenen gibt. Es gibt das, was Jesus „wer gebadet ist“ bezeichnet, womit die Reinigung des ganzen Körpers gemeint ist, und dann ist da noch das, was er als „Fußwaschung“ bezeichnete. Er betont damit, dass ein Mensch, der vollständig gebadet ist, es lediglich noch nötig hat, die Füße zu reinigen, alles andere an ihm ist ja rein.

Offensichtlich stammt dieser Vergleich aus der Alltagserfahrung der Menschen des damaligen Nahen Ostens. Nur wenige Leute hatten private Badezimmer und all die anderen modernen Bequemlichkeiten. Wenn man ein Bad nehmen wollte, musste man eines der öffentlichen Bäder aufsuchen, wo natürlich der ganze Körper gebadet wurde. Wenn man gebadet war, musste man zu Fuß heimgehen, und wenn man dort ankam, waren die Füße wieder schmutzig vom Staub der Straße, und Sand zwischen den Zehen war sehr unangenehm. Aber zu Hause angekommen, musste man nicht noch einmal baden, sondern einfach nur die Füße abspülen. Und unser Herr sagt nun, dass es im geistlichen Bereich etwas Vergleichbares gibt. Da gibt es am Anfang ein Vollbad, das ein für alle Mal gilt und nie mehr wiederholt werden muss; aber dann gibt es noch die Notwendigkeit, Hände und Füße immer wieder neu zu reinigen.

Das Vollbad

Manche meinen, dass Jesus mit diesem Vollbad die Tatsache meinte, dass er unsere Gewissen von der Sündenschuld reinigen kann, weil er am Kreuz starb und sein Blut vergoss. So bezahlte er die Strafe für unsere Sünden. Nun ist es natürlich wunderbar wahr, dass Gott uns versichert, dass das Blut seines Sohnes uns von aller Sünde reinigt (1Joh 1,7), sobald wir unser Vertrauen auf Christus setzen. Diese Reinigung ist so alles durchdringend und vollkommen, dass Gott uns zusagen kann: „Ihrer Sünden und ihrer Gesetzlosigkeiten werde ich nicht mehr gedenken" (Hebr 10,17).

Doch als uns der Herr ein Bild für die Tatsache der Reinigung und Vergebung unserer Sünden durch sein Blut geben wollte, nahm er einen Kelch mit Wein (nicht mit Wasser) und gab diesen seinen Jüngern und forderte sie auf, diesen Wein zu trinken – und nicht, sich darin zu baden (Mt 26,27-28). Das Symbol, das er im Gleichnis in Johannes 13 verwendete, war nicht der Wein, sondern Wasser. Und dies weist auf die andere, ein für alle Mal geschehene Reinigung hin, die Christus denen anbietet, die in wahrer Buße und echtem Glauben zu ihm kommen: die Waschung durch die Wiedergeburt.

Worin besteht also dieses „Vollbad"? Sie ist jene ein für alle Mal gemachte Erfahrung der Wiedergeburt, die dann geschieht, wenn der Glaubende zum ersten Mal dem Heiland vertraut und den Heiligen Geist empfängt. Das wird „Waschung der Wiedergeburt und Erneuerung des Heiligen Geistes" (Tit 3,5) genannt. Denn der Heilige Geist wirkt durch sein inspiriertes Wort auf das Herz des Sünders. Und so entsteht Buße: der Heilige Geist bewegt den betreffenden Menschen dazu, sein Denken zu erneuern, dass es mit dem übereinstimmt, was Gott sagt. Dass Gottes Maßstäbe gelten und nicht die eigenen unzulänglichen moralischen Maßstäbe, und dass diese Maßstäbe verfehlt wurden und wir gar nicht in der Lage sind, sie zu erreichen. Auf diese Weise beginnt der Heilige Geist einen Menschen zu reinigen, indem er das Wort Gottes anwendet, um ihn zur Umkehr zu bewegen.

Aber dann gibt es natürlich auch die positive Seite; da ist die Wiedergeburt, da ist das neue Leben, wenn der Heilige Geist das Wort Gottes schöpferisch in das Menschenherz hineinspricht. Genauso wie bei der Schöpfung arbeitet er daran, aus dem dunklen, form- und gestaltlosen Chaos eine lebendige Welt zu schaffen. Das geschieht, indem der Heilige Geist in das Herz des Gläubigen spricht, um neues geistliches Leben hervorzubringen.

Diese Erfahrung machen wir, wenn wir Christen werden, und es bedarf keiner Wiederholung. Wenn Babys einmal geboren sind, können und brauchen sie nicht noch einmal leiblich geboren zu werden; aber nachdem sie geboren sind, werden sie schmutzig und bedürfen ständig der Reinigung. Genauso geht es uns. Wenn wir Christus und neues Leben empfangen haben und Kinder Gottes geworden sind, brauchen wir nicht wieder und wieder von Neuem geistlich geboren zu werden; aber wir haben es sehr wohl nötig, dem Herrn zu erlauben, unsere Füße immer wieder neu zu reinigen; denn diese Welt ist ein schmutziger Ort:

Wenn Christen in dieser Welt leben, werden sie feststellen, dass etwas von dem Staub und Dreck dort auf sie abfärbt. Und sie werden feststellen, dass sie innerlich noch immer empfänglich dafür sind: Sie werden zornig, neidisch und mürrisch, und diese Haltungen werden ihren Geist angreifen und verunreinigen. Sie müssen immer wieder zum Herrn und zu seinem Wort zurückkehren, um sich von diesen Unreinheiten reinigen zu lassen.

Somit haben wir zwei Dinge: Wir haben die anfängliche Waschung, die ein für alle Mal erfolgt, und wir haben die ständige Reinigung unserer Füße.

Wie lernt man diese Lektionen?

Nun, wenn dieses die Hauptlektionen dieses Abschnitts sind, sollten wir versuchen, sie in ihrem konkreten Zusammenhang zu sehen. Es ist offensichtlich, dass der Herr dabei war, seinen Jüngern eine grundlegende Lektion über Heiligung beizubringen. Und das ist die allererste Lektion, die wir lernen müssen, wenn wir heilig werden wollen: Wir brauchen zuallererst die grundlegende Reinigung, nämlich dass wir von Neuem geboren werden; und dann brauchen wir die ständige Reinigung „durch das Wasserbad im Wort" (siehe Eph 5,25-27). Wie würde er ihnen diese Lektion beibringen?

Ganz schlicht und doch dramatisch beschreibt Johannes diese Szene. Da sitzen oder liegen die Jünger auf den Polstern um den Tisch. Jesus ist im Begriff, sie zu verlassen; er wird sterben und in den Himmel zurückkehren. Und sie werden in einer feindlichen und unreinen Welt zurückbleiben. Er muss sie deshalb diese Lektionen der Heiligung lehren. Während er sie anblickte, war ihm all das natürlich bewusst. Johannes sagt uns, dass er wusste, dass seine Stunde gekommen war; er wusste, dass Judas ihn verraten würde, und er wusste, dass Petrus ihn verleugnen würde. Er konnte Johannes und Jakobus mit ihrem aufbrausenden Temperament sehen – Leute, die in ihrem Zorn bereit waren, Feuer und Schwefel auf jeden herabzuwünschen, der nicht so wollte wie sie (siehe Lk 9,51-56). Sie waren eine uneinheitliche Truppe, und er kannte sie durch und durch. Womit würde er beginnen, um ihren Charakter zu reinigen und sie zu Persönlichkeiten zu machen, die freundlicher und angenehmer sind?

Ist das nicht eine ganz schwierige Aufgabe, an jemandes Persönlichkeit heranzukommen? Ich kann nur versichern, dass es jeder schwer hätte, der es bei mir versuchen würde! Man stelle sich vor, Sie kämen zu mir und sagten: „Sie sind unerträglich stolz und ein hoffnungsloser alter Nörgler." Gut, Sie würden höchstwahrscheinlich die Wahrheit sagen, aber ich würde Ihnen dann noch lange nicht um den Hals fallen und sagen: „Ach, was sind Sie für ein wunderbarer Mensch, dass Sie mir das sagen. Es tut so gut, so etwas zu hören!" In Wirklichkeit könnten Sie – wenn Sie nicht gehörig aufpassen – genau das Gegenteil von dem erreichen, was Sie beabsichtigt haben. Sie würde erreichen, dass ich innerlich dichtmache und in Verteidigungshaltung gehe und Ihnen sehr deutlich mache, dass ich besser bin als Sie – und als die meisten anderen sowieso.

Unser Herr weiß einen besseren Weg. Er will mit diesen Leuten über ihre Persönlichkeit und über ihr Verhalten reden und die Probleme, die immer wieder dadurch entstehen. Und er möchte, dass sie ein solches Vertrauen zu ihm gewinnen, dass sie bereit sind, ihre Herzen zu öffnen, damit er seinen Finger auf ihre wunden Stellen legen kann. So steht er auf, gürtet sich ganz ruhig mit einem Tuch und beginnt, ihre Füße zu waschen.

Wenn ich heute Abend nach Hause käme, an der Tür klingelte und ein Diener käme heraus, der mir die Stiefel auszieht und die Hausschuhe bringt und mir ein Bad einlässt, dann hielte ich mich für etwas Besonderes. Was dächten Sie aber, wenn Sie nach Hause kämen, läuten und der Sohn Gottes käme mit einer Waschschüssel, zöge Ihnen die Stiefel aus und finge an, Ihnen die Füße zu waschen?

Da bliebe einem die Luft weg, oder? Petrus fand das einfach unerhört. Wir können sicher sein, dass das nicht eine bloße Schaustellung vonseiten Christi war. Er hatte sich zu ihren Füßen herabgebeugt, um diese niedrige Arbeit zu tun, weil er sie von Herzen liebte. Sie waren die wichtigen Leute – er war der Diener. Weil sie ihm wichtig waren, darum diente er ihnen und reinigte sie. Er tat es, weil er sie liebte, nicht weil es ihm gefallen hätte, sie zu kritisieren. Wie sanft wird er ihre Füße gewaschen haben! Und dann trocknete er sie mit einem warmen Handtuch ab, das er an seinem Körper trug. Wie wunderbar ist dieser Heiland, der selbst dann, wenn er auf unseren Schmutz, unsere Mängel und unsere dunklen Ecken hinweisen muss, dies auf eine Weise tut, die uns das Gefühl der Wärme seiner persönlichen Liebe und innigen Zuneigung vermittelt!

Die Wirksamkeit der Reinigung

Hier müssen wir ein gutes und gesundes Gleichgewicht halten. Es gibt auch in unserem geistlichen Leben als Christen Zeiten, in denen wir das Gefühl haben, wir hätten unseren Charakter dermaßen besudelt, dass alles völlig hoffnungslos erscheint. Gerade in solchen Zeiten sollten wir uns an die wunderbar tröstenden Worte unseres Herrn erinnern: „Wer gebadet ist, hat nicht nötig, sich zu waschen, ausgenommen die Füße, sondern ist ganz rein." Die durch Christus bewirkte Reinigung beginnt mit der Reinigung durch die Wiedergeburt, und wo diese einmal stattgefunden hat, bedarf es niemals einer Wiederholung. Es ist eine Reinigung, die in sich selbst ganz und gar vollkommen ist.

Wir tun gut daran, uns in Zeiten, in denen Satan uns Zweifel einreden will, daran zu erinnern. Dann wird er sagen: „Schau dich doch an! Du behauptest, ein Christ zu sein. Aber denk doch bloß an die Unterhaltung, die du eben geführt hast. Du bist doch völlig aus der Rolle gefallen, oder? Und du warst furchtbar zornig. Kannst du nach solch einem Auftritt wirklich noch behaupten, ein Christ zu sein?“ Doch in solchen Augenblicken der Verzweiflung sollten wir uns an die Worte unseres Herrn erinnern und uns selbst zusprechen: „Wenn ich wirklich auf den Herrn vertraut habe, wenn ich wiedergeboren bin, dann wurde die Grundreinigung an mir vollzogen, und das braucht nie wiederholt zu werden.“

Und nun fragen einige, was von beiden ist bedeutsamer, das Vollbad oder die Reinigung der Füße? Was ist das Größere? Würden Sie nicht auch sagen, das Vollbad? Natürlich ist es das; und jeder Mensch, der Christus vertraut, weiß, dass die Hauptsache der Heiligung bereits geschehen ist und niemals einer Wiederholung bedarf.

Aber damit wir nicht nachlässig werden und sagen: „Also, weil ich vor fünf Jahren wiedergeboren wurde, spielt es eigentlich keine Rolle mehr, wie ich lebe“, sollten wir uns an die Worte unseres Herrn erinnern: „Wenn ich dich nicht wasche, so hast du kein Teil mit mir.“ Was meinte der Herr damit?

Kein Teil mit Christus

Wenn wir diese Frage zufriedenstellend beantworten wollen, müssen wir zunächst genau hinsehen, was der Herr gesagt hat.

Manchmal wird hier ungenau übersetzt, als hieße es: „Wenn ich dich nicht wasche, hast du keinen Anteil *an* mir", was aber eine höchst unglückliche Übersetzung ist, weil unser Herr das nicht gesagt hat. Er sagte: Du hat kein Teil *mit* mir", und das ist etwas ganz anderes. Sobald ein Mensch von Neuem geboren ist und den Heiligen Geist empfangen hat, wurde er in den Leib Christi aufgenommen, und danach kann es keine Trennung mehr geben. Dann ist man in Christus, und das für immer.

Unser Herr redete hier also nicht über die Frage des *In*-ihm-Seins, sondern über die, ob man praktisch Gemeinschaft mit ihm hat, ob man *mit* ihm an seinem Werk und seinem Dienst Anteil hat. Er sagte demnach zu Petrus und zu uns allen, dass, wenn wir praktische tägliche Gemeinschaft mit ihm bei seinem Segenswerk für andere Menschen haben wollen, wir eine regelmäßige Fußwaschung durch ihn brauchen.

Als Gläubige sind wir nicht sündlos. Obwohl wir wiedergeboren sind, den Heiligen Geist empfangen haben und Kinder Gottes sind, samt der Versicherung, niemals verloren zu gehen, lässt uns das Neue Testament wissen, dass wir immer noch Sünde in uns haben. Die schlimme Möglichkeit besteht immer noch, dass wir „nach dem Fleisch leben", wie Paulus es in Römer 8, 12 formuliert.

Angenommen, mein Nachbarjunge wollte unbedingt mit seinem neuen Fahrrad durch meine Gartenpforte in meinen Vorgarten fahren, um alle meine Tulpen umzufahren. Dann mag es mein gutes Recht sein, zu explodieren und ihn anzuschreien oder seine Mutter oder auch beide. Aber ich sollte mich in Acht nehmen; denn wenn ich meinem Temperament erlaube, so außer Kontrolle zu geraten, dann wird es am nächsten Tag ziemlich schwierig für mich, ihnen zu erzählen, wie sehr Jesus die Sünder liebt und wie geduldig er mit ihnen ist. Sie würden mir zu Recht sagen, dass wenn ich ein Beispiel dafür wäre, wie Christus mit den Menschen umgeht, sie lieber nichts mit ihm zu tun haben möchten.

Wenn wir praktische Gemeinschaft mit Christus und seinem Werk haben wollen, müssen wir ihn beständig „unsere Füße waschen" lassen, damit er uns von solch verunreinigenden Ausbrüchen befreit.

Noch mehr: Es hat Situationen gegeben, bei denen einem Menschen schlimmes Unrecht zugefügt wurde, und wir haben zu uns selbst gesagt: „Wäre mir das passiert, hätte ich so oder so reagiert." Doch dieser Mensch geht hin und tut das genaue Gegenteil. Er ist barmherzig, freundlich und geduldig. Wir können das kaum verstehen. Warum nicht? Weil wir eine völlig andere Sichtweise haben als er, und solange wir ihn nicht verstehen können, wird da eine Kluft zwischen uns sein.

Unsere Erfahrungen mit Christus sind ähnlich. Wir mögen zu ihm gehören, mögen Kinder Gottes und durch den Heiligen Geist wiedergeboren sein; aber solange wir ihm nicht erlauben, unsere unwürdigen Haltungen und Reaktionen wegzuwaschen, wird es immer eine Kluft zwischen unseren Haltungen und Reaktionen und seinen geben. Wir werden nicht wirklich verstehen, was es heißt, hinzugehen und die Verlorenen zu suchen und Mitleid mit den Gestrauchelten zu haben. Wir werden meinen, dass es ausreicht, sauber und anständig in unseren vornehmen Wohnzimmern zu bleiben. Wenn wir aber praktische Gemeinschaft mit Christus haben wollen, brauchen wir auch die beständige Reinigung unserer Füße

Die Notwendigkeit einer ständigen Reinigung

Die Briefe von Petrus sind eine ideale Zusammenfassung von dem, was wir gerade bedenken. Wie wir in einem späteren Kapitel noch sehen werden, ist einer der liebenswertesten Züge an Petrus folgender: Obwohl er schreckliche Fehler machte, lernte er schließlich doch seine Lektionen, was ihn zu einem sehr freundlichen Lehrer machte. Als unser Herr Petrus die Füße waschen wollte, versuchte dieser ihn davon abzuhalten. Danach verfiel er ins andere Extrem und bat ihn, auch seine Hände und den Kopf zu waschen, und unser Herr musste ihm sagen, dass das unnötig sei. Aber am Ende hatte er diese lebenswichtige Lektion über diese erste Reinigung verstanden.

In Apostelgeschichte 15 berichtet uns Lukas von einem großen und sehr wichtigen Treffen der frühen Gemeinde, bei dem die Apostel einen Brief verfassten, um aller Welt mitzuteilen, wie ein Mensch errettet wird – und im Besonderen, wie ein Heide errettet wird. Da gab es solche in der jüdischen Gemeinde, die meinten, dass man den Heiden eine Reihe von Geboten und Regeln auferlegen muss, wie etwa die Beschneidung, wenn sie ein heiliges Leben führen wollten.

Da stand Petrus in diesem Konzil auf und sagte: „Nein! Sogar wir als echte Juden werden doch einfach durch die Gnade Gottes errettet; dafür haben wir jetzt den Beweis durch die Bekehrung des Cornelius und seiner Freunde; denn Gott gibt den Heiden den Heiligen Geist, wenn sie glauben. Er macht keinen Unterschied zwischen ihnen und uns, Gott hat auch ‚ihre Herzen durch den Glauben gereinigt'" (siehe Apg 15,6-11).

In dem Zusammenhang wird der Unterschied deutlich zwischen dem Versuch, sich selbst durch die Einhaltung äußerlicher

Vorschriften zu reinigen und der Reinigung durch den persönlichen Glauben an den Herrn Jesus. Petrus bezieht sich hier auf das, was bei der Bekehrung jener Heiden geschah: Als sie zum ersten Mal den Heiligen Geist empfingen, wurden sie durch den Glauben gereinigt.

Und in 1. Petrus 1,22 spricht Petrus zu Christen und sagt dasselbe: „Da ihr eure Seelen durch den Gehorsam gegen die Wahrheit zur ungeheuchelten Bruderliebe gereinigt habt …" Diese grundsätzliche Reinigung findet statt, wenn ein Mensch durch das Wort Gottes erkennt, dass er unerlöst und unheilig ist und von Neuem geboren werden muss, und sich dann dieser Wahrheit beugt. So wird ein solcher Mensch durch seinen Gehorsam gegen die Wahrheit errettet: „denn ihr seid wiedergeboren, nicht aus vergänglichem Samen, sondern durch unvergänglichen durch das lebendige und bleibende Wort Gottes" (1,23). Petrus hatte also die erste, grundlegende Lektion gelernt.

Danach lernte er die nächste Lektion: die Notwendigkeit der beständigen Reinigung der Füße. Diesen Menschen, die von Neuem geboren und deren Seelen durch den Glauben gereinigt waren, sagt er in demselben Brief: „Legt nun ab alle Bosheit und allen Trug und Heuchelei und Neid und alles üble Nachreden." Er sagt ihnen, dass sie nun, eben weil sie wie neugeborene Kinder sind, all diese Dinge ablegen müssen; „und seid wie neugeborene Kinder begierig nach der vernünftigen, unverfälschten Milch – damit ihr durch sie wachst zur Rettung" (2,1-2). Es besteht also immer die Notwendigkeit für ein ständiges „Ablegen", für ein immer neues Waschen der Füße.

Eine abschließende Frage

Wir wollen noch einmal lesen, was Johannes uns über die Gesinnung Christi sagt, kurz bevor er aufstand, um ihnen zu dienen:

> „Vor dem Passahfest aber, als Jesus wusste, dass seine Stunde gekommen war, aus dieser Welt zu dem Vater hinzugehen – da er die Seinen, die in der Welt waren, geliebt hatte, liebte er sie bis ans Ende. Und bei einem Abendessen, als der Teufel schon dem Judas, Simons Sohn, dem Iskariot, es ins Herz gegeben hatte, dass er ihn überliefere, steht Jesus – im Bewusstsein, dass der Vater ihm alles in die Hände gegeben und dass er von Gott ausgegangen war und zu Gott hinging – von dem Abendessen auf und legt die Oberkleider ab; und er nahm ein leinenes Tuch und umgürtete sich." (Joh 13,1-4)

Er sah sie alle dort sitzen, und er wusste um ihre Schwierigkeiten. Er wusste z. B., wie tief die Wunden in der Persönlichkeit des Petrus reichten, und doch stand er nicht im Geist der Verzagtheit vom Tisch auf. Er wusste, was Satan dieser kleinen Gruppe antun wollte. Er wollte sie auseinandersprengen und dazu die Schwächen von Petrus ausnutzen, dass er den Herrn verleugnet und dadurch alle geistliche Kraft beinahe unwiederbringlich verlor.

Doch der Herr Jesus stand vom Abendessen auf, um trotzdem sein Werk zu beginnen, weil er wusste, dass er vom Vater gekommen war und kurz davorstand, wieder zu ihm zurückzukehren. Er wusste, dass der Vater ihm alles in seine Hände gegeben hatte und dass er in der Lage war, das Werk der Reinigung seines Volkes auszuführen. Und wenn wir einen solchen Heiland fest vor unseren Augen haben, sollten wir uns fragen und natürlich ihn fragen, welchen Grad der Reinigung wir selbst nötig haben, um ihn dann tun zu lassen, was er versprochen hat zu tun.

DIE ACHTE GESCHICHTE

Vom LICHT *in die* FINSTERNIS

Judas verweigert
die Freundschaft mit Jesus

Als Jesus dies gesagt hatte, wurde er im Geist erschüttert und bezeugte und sprach: Wahrlich, wahrlich, ich sage euch: Einer von euch wird mich überliefern.

Die Jünger blickten einander an, in Verlegenheit darüber, von wem er rede. Einer von seinen Jüngern, den Jesus liebte, lag zu Tisch an der Brust Jesu. Diesem nun winkt Simon Petrus, zu erfragen, wer es wohl sei, von dem er rede.

Jener lehnt sich an die Brust Jesu und spricht zu ihm: Herr, wer ist es?

Jesus antwortete: Der ist es, für den ich den Bissen eintauchen und ihm geben werde. Und als er den Bissen eingetaucht hatte, nimmt er ihn und gibt ihn dem Judas, Simons Sohn, dem Iskariot. Und nach dem Bissen fuhr dann der Satan in ihn.

Jesus spricht nun zu ihm: Was du tust, tu schnell! Keiner aber von den zu Tisch Liegenden verstand, wozu er ihm dies sagte: Denn einige meinten, weil Judas die Kasse hatte, dass Jesus zu ihm sagte: Kaufe, was wir für das Fest benötigen, oder dass er den Armen etwas geben solle. Als nun jener den Bissen genommen hatte, ging er sogleich hinaus. Es war aber Nacht.

Johannes 13,21-30

Eine harte Lektion

Der ursprüngliche Rahmen des Unterrichts im Obersaal war tatsächlich ergreifend. Drei Jahre lang hatte Christus mit den Jüngern gelebt und gearbeitet und war mit den Zwölfen herumgereist – seinen Aposteln, die ihn (bis auf eine Ausnahme) geliebt und ihm gedient hatten. Sie hatten häusliche Bequemlichkeiten und weltlichen Wohlstand aufgegeben, um ihm nachzufolgen, und es ist jene Ausnahme, über die wir jetzt nachdenken wollen.

Das Gegenteil von Heiligung

Die erste wichtige Lektion in Christi Schule der Heiligung begann mit dem symbolreichen Anschauungsunterricht, als Christus seinen Jüngern die Füße wusch. Die zweite wichtige Lektion bestand aus einer anderen bedeutenden symbolischen Geste: Christus gab Judas einen Bissen Brot. Mit dem Überreichen des Brotes geschahen zwei Dinge: Erstens wurde der Verräter unmissverständlich gekennzeichnet, und zweitens wurde das Wesen seiner Sünde deutlich sichtbar ins Licht gestellt.

Der erste Grund, weshalb Johannes dieses Ereignis berichtet, besteht zweifellos darin, dass es tatsächlich so ablief. Aber dieses Ereignis ist mehr als nur Geschichte: es enthält eine universelle Lektion, die wir lernen müssen. Seine Bedeutung ist folgende: Dass unser Herr die Füße der Jünger gewaschen hat, lehrt uns, dass von wahren Jüngern erwartet wird, dass sie sich „von jeder Befleckung des Fleisches und des Geistes“ reinigen und dass sie „die Heiligkeit vollenden in der Furcht Gottes“ (2Kor 7,1).

Wir sollten also danach streben, immer heiliger zu werden. Aber wie könnten wir das tun, wenn wir keine klare Vorstellung davon haben, was Heiligkeit oder Heiligung ist? Es geht ja nicht um bestimmte Haltungen und Handlungen, die heilig sind, sondern um das Wesen und den Kern von Heiligkeit.

Nun, eine Art zu lernen, was eine Sache ist, besteht darin, dass wir uns das Gegenteil davon anschauen. Was z. B. Schönheit ist, wird schnell sichtbar, wenn uns etwas Hässliches gezeigt wird. Und was Gesundheit bedeutet, wird uns sehr bewusst, wenn wir sie verlieren und krank werden. Was nun aber ist das Gegenteil von Heiligkeit?

„Natürlich die Sünde!", sagen einige, und das stimmt in gewisser Weise. Aber Sünde drückt viele Dinge aus. Z. B. den Gegensatz von *Gerechtigkeit*. „Die Sünde ist die Gesetzlosigkeit", sagt die Bibel (1Jo 3,4). Sie bedeutet ein Leben in völliger Missachtung des göttlichen Gebots, so als ob es Gottes Gebot überhaupt nicht gäbe. Aber was ist Sünde im Gegensatz zur *Heiligkeit*? Genau das will uns der Herr Jesus gerade lehren: Indem er den Verräter Judas benennt und das Wesen seiner Sünde offenlegt, wird er uns zeigen, worin das wahre Wesen der Unheiligkeit besteht. Wir werden dann umso deutlicher erkennen, was ihr Gegenteil, also wahre Heiligkeit, ist, und worin das Geheimnis besteht, wahre Heiligkeit zu erlangen.

Das Wesen der Unheiligkeit

Wir haben bereits gehört, wie Christus die Sünde des Judas beschrieben hatte (ohne dessen Namen zu nennen), als er sagte: „Der mit mir das Brot isst, hat seine Ferse gegen mich aufgehoben"

(Joh 13,18). Jetzt fügt unser Herr den noch dunkleren Satz hinzu: „Wahrlich, ich sage euch: Einer von euch wird mich überliefern" (V. 21). Wir wissen aus anderen Evangelien, dass Judas den Herrn für Geld verriet: Er verkaufte ihn für dreißig Silberlinge (siehe Mt 26,15). Wir müssen alle diese Elemente zusammenführen, um ein umfassendes Bild von Judas´ Sünde zu erhalten.

Kehren wir zu dem Satz zurück: „Der *mit mir das Brot isst.*" Hier ging es nicht darum, dass dreizehn Leute zusammen in einem Restaurant essen, und jeder bezahlt seinen Anteil an den Kosten des Mahles. Bei dieser Gelegenheit war Jesus der Gastgeber, wie bei vielen anderen Anlässen in der Vergangenheit auch. In seiner liebevollen Großzügigkeit hatte er Judas als seinen persönlichen Gast eingeladen, um gemeinsam mit ihm an seinem Tisch teilzuhaben. Neben der gemeinsamen Mahlzeit hatte der Herr Jesus Judas mit mehreren hohen Privilegien und Gaben bedacht. Er hatte ihn zum Apostel bestimmt und ihn beauftragt, zusammen mit den anderen Aposteln als sein Gesandter das Evangelium des Reiches Gottes zu verkündigen. Es ist gut möglich, dass Judas – wie die anderen Apostel – die Macht hatte, Wunder zu wirken; denn obwohl Judas niemals etwas anderes als ein Ungläubiger war (und unser Herr wusste das nach Joh 6,79-71), ist es für Leute, die nicht glauben, möglich, im Namen Jesu Wunder zu tun (siehe Mt 7,22-23). Außerdem war Judas eine Vertrauensperson; denn er verwaltete die Kasse der Apostelgemeinschaft: Er hatte den Geldbeutel, der alles Geld enthielt, das Jesus besaß (aus dem Judas immer wieder etwas beiseiteschaffte (Joh 12,6).

Aber weit über diese hohen Privilegien, Gaben und ehrenvollen Aufgaben hinaus hatte Christus Judas seine persönliche Freundschaft angeboten. Christus hätte Judas wie einen Unteroffizier in einer Armee behandeln können, der trotz seines Ranges niemals zum Essen mit den Oberkommandierenden, geschweige denn mit dem Präsidenten, eingeladen würde. Aber nein! Jesus hatte Judas immer wieder an seinen Tisch geladen und ihm nicht nur Essen, sondern seine persönliche Freundschaft angeboten.

Und was war die Sünde des Judas? Er hatte alle Geschenke Christi angenommen, alle Privilegien eingesteckt, die Speisen von Jesu Tisch gegessen – und hatte trotzdem weder Zeit noch Liebe noch Loyalität für Christus persönlich übrig. Ja, er hatte vorgegeben, Christi Freund und sein loyaler Diener zu sein. Aber er hatte Christus niemals geliebt. Und was seine Loyalität betrifft: wenn sich die Gelegenheit ergab, würde er nicht nur Jesu Geld aus dem Beutel stehlen, sondern auch seine Freundschaft zu ihm, ja, Christus selbst zu Geld machen.

Die Schwere der Sünde des Judas

Nun gibt es im Leben dermaßen heilige Dinge, dass man ihnen keinen Geldwert beimessen kann, und jeder, der bereit ist, diese Dinge für Geld herzugeben, würde von allen rechtdenkenden Menschen von Herzen verachtet werden. Freundschaft ist eines davon. Loyalität ist ein anderes. Ein Mann, der ein fremdes Land ausspioniert, mag von seinen Landsleuten wegen seines Mutes und seiner Schlauheit bewundert werden. Aber ein Mensch, der bereit ist, sein eigenes Land zu verraten, solange der Preis dafür hoch genug ist, wird von seinen Mitbürgern mit Abscheu und Verachtung betrachtet, weil er sich der schlimmen Perversion wahrer Werte schuldig gemacht hat. Fliegt er auf und wird entdeckt, wird er gewöhnlich lebenslänglich eingesperrt oder sogar hingerichtet. Und was würden wir von einem Menschen halten, der seine Mutter für eine ordentliche Summe in die Sklaverei verkaufen würde?

Zurück zu Judas: Alle Gaben Christi anzunehmen und dann Geld aus dem gemeinsamen Beutel zu stehlen, war gewiss ein mieser und verachtungswürdiger Zug. Aber was würde der Verlust von ein paar Münzen für Christus letztendlich bedeuten? Für Judas aber galt: Dass er alle Gaben Christi nahm, seine Gastfreundschaft beanspruchte und seine Speisen aß, sogar Freundschaft heuchelte und dann sowohl Christus selbst als auch seine Freundschaft für Geld verkaufte – das war, als hätte er Christus persönlich einen Dolch direkt ins Herz gestoßen. Christus war kein gefühlloser Stoiker. Noch Jahre später, als sich Johannes diese Szene für uns ins Gedächtnis zurückrief, konnte er sich an die tiefe Bestürzung Jesu erinnern: „Als Jesus dies gesagt hatte, wurde er im Geist erschüttert und bezeugte und sprach: Wahrlich, wahrlich, ich sage euch: Einer von euch wird mich überliefern" (13,21).

Aber mehr noch: Wäre Jesus nur ein einfacher, gewöhnlicher Mensch oder vielleicht auch nur ein einzigartig brillanter Theologe und Lehrer gewesen, auch dann wäre der Verrat des Judas etwas Abscheuliches gewesen. Aber Jesus war kein gewöhnlicher Mensch; er war der Sohn Gottes. Jesu Gaben und sein Brot anzunehmen und ihn selbst dann abzulehnen, das war genauso, als hätte er Gottes Gaben angenommen, um ihn danach abzulehnen. Jesus und seine Freundschaft zu verkaufen hieß, Gott und dessen Freundschaft zu verkaufen. Der Dolch, den Judas in Jesu Herz bohrte, durchdrang genauso Gottes Herz.

Das Herz des Judas: ein Mikrokosmos der Menschheit

Das Verhalten von Judas mag uns extrem erscheinen, aber seine Herzenshaltung ist viel verbreiteter als wir vielleicht denken. Judas nahm Christi Gaben an; aber er hatte persönlich für Christus weder Zeit noch Liebe noch Loyalität übrig. Und zahllose

Menschen nehmen und genießen Gottes Gaben, haben aber weder Zeit noch Liebe noch Loyalität für Gott. Sie behandeln Gott, den Schöpfer, wie Judas Christus behandelt hat. Überall um uns herum finden wir die guten und genussbringenden Gaben der Natur, einschließlich unseres täglichen Brotes. Aber für unser Leben gibt es mehr als die unpersönlichen Naturkräfte. Hinter der Natur schlägt das Herz eines persönlichen Schöpfers, und die Gaben der Natur sind seine liebevollen Einladungen an uns, ihn und seine Freundschaft persönlich zu suchen. Wie viele Menschen nehmen und genießen die Gaben, zeigen aber kein Interesse an dem göttlichen Geber. Sie empfinden ihm gegenüber keinerlei Dankesschuld, keine Liebe zu ihm, keine Loyalität ihm gegenüber und kein Verlangen nach seiner Freundschaft. Sie ignorieren ihn. Schlimmer noch: Um mehr Geld zu verdienen, um höhere gesellschaftliche Stellungen zu erlangen und mehr Gehör in der Welt zu finden, verachten sie Gott. Viele sind bereit, Gottes Sohn zu verkaufen und den Glauben an Gott gegen weltlichen Erfolg einzutauschen. Das ist der eigentliche Kern und das Wesen von Unheiligkeit. Um unheilig zu sein, braucht man niemand zu ermorden, keine Bank auszurauben, keinen Ehebruch zu begehen oder Kinder zu schänden. Es genügt völlig, wenn man Gottes Gaben annimmt und weder Zeit noch Liebe für Gott selbst übrig hat. Auf diese Weise verletzt man Gottes Herz und entheiligt ebenso alle Dinge des Lebens.

Eine uralte Sünde

Diese falsche, unheilige Herzenshaltung ist die Sünde, durch die Satan am Anfang Adam und Eva verführte. 1. Mose 3 beschreibt, wie er Eva auf den Baum der Erkenntnis des Guten und Bösen hinwies und darauf aufmerksam machte, dass er gut zur Speise, also zur Befriedigung des Fleisches sei; dass er gut zum Betrachten sei, also zur Befriedigung ästhetischer Bedürfnisse; und dass er begehrenswert sei, weil er klug mache, also für die intellektuelle Befriedigung. Dann suggerierte er Eva die Lüge, dass man all diese angenehmen Dinge in vollem Ausmaß genießen kann, ganz unabhängig von Gott und ohne ihn oder sein Wort zu beachten. Adam und Eva glaubten der Lüge, was zwangsläufig die Haltung des Menschen gegenüber dem Leben, den Reichtümern der Erde und den Beziehungen untereinander anders ausrichtete. Die Gaben des Lebens wurden nicht mehr als Gaben eines gnädigen Gottes betrachtet, die man in Gemeinschaft mit Gott genießen durfte. Wäre es bei dem ursprünglichen Zustand geblieben, dann wären die Herzen in immer engerer Freundschaft mit Gott verbunden gewesen, bis dahin, dass diese Freundschaft mit Gott einmal im Himmel für ewig fortgesetzt würde.

Nun wurden die Vorzüge des Lebens zum Selbstzweck und zogen ihre Herzen von Gott weg, statt zu Gott hin. Die Entfremdung von Gott führte dazu, dass sie sich vor Gott fürchteten. Er wurde für sie zu jemand, vor dem man sich verstecken muss. Er war nun nicht mehr die Quelle ihrer Lebensfreude, sondern wurde zu ihrer Bedrohung. Seitdem ist das Gift dieser falschen Einstellung gegenüber Gott tief in das Wesen eines jeden Menschen eingedrungen.

Das ist die charakteristische Sünde der Welt, und zwar so sehr, dass die Bibel das Wort „Welt“ oft in diesem negativen Sinn verwendet. Es bezieht sich dann auf die menschliche Gesellschaft, die sich auf der Grundlage dieser falschen Herzenshaltung eingerichtet hat und danach lebt. Wir werden noch viele Beispiele dafür finden, wenn wir über Christi Lehre über die Heiligung sprechen.

Außerdem sind nicht nur nicht wiedergeborene Menschen von dieser Sünde gekennzeichnet. Auch wahre Gläubige neigen dazu und müssen mit den Worten des Apostels Johannes ermahnt werden: „Liebt nicht die Welt noch was in der Welt ist! Wenn jemand die Welt liebt, ist die Liebe des Vaters nicht in ihm; denn alles, was in der Welt ist, die Begierde des Fleisches und die Begierde der Augen und der Hochmut des Lebens, ist nicht vom Vater, sondern ist von der Welt“ (1Jo 2,15-16). Dabei sind die schönen Dinge des Lebens an sich oder auch nur der Wunsch danach nicht schon Sünde. Die Bibel sagt, dass Gott alles das „reichlich darreicht zum Genuss“ (1Tim 6,17). Das Problem ist, wenn wir zulassen, dass die schönen Dinge des Lebens (oder alles, was damit zusammenhängt) unsere Herzen von Gott ablenken. Das ist Weltlichkeit und das eigentliche Wesen der Unheiligkeit.

Stellen wir uns einen reichen Menschen vor, der seinem Sohn zum 18. Geburtstag einen Privatjet schenkt, und der Sohn nähme das Geschenk an, ohne seinem Vater zu danken. Er wäre ins Cockpit geklettert und fortgeflogen, ohne jemals wieder den Vater zu Hause zu besuchen. Was würde man von einem solchen Sohn halten? Und was würde der Vater empfinden?

Das Wesen der Heiligkeit

Wenn dieses nun das Grundprinzip der Unheiligkeit ist, dann können wir sofort davon ableiten, dass das innerste Wesen der Heiligkeit das genaue Gegenteil davon sein muss. Dabei geht es nicht so sehr um das Einhalten einer Liste von Regeln, obwohl Christus uns später daran erinnert, dass, wenn wir ihn lieben, wir auch seine Gebote halten werden. Im tiefsten Grund ist wahre Heiligkeit unbeirrbare Liebe und Hingabe an die göttlichen Personen.

Menschen, die das nicht verstanden haben, werden manchmal dazu gebracht, alle möglichen gesetzlichen Verhaltensweisen einzuhalten, die nach außen den Anschein von Heiligkeit erwecken, denen aber das eigentliche Prinzip fehlt. So gibt es z. B. Christen, die immer noch wie im Mittelalter gekleidet herumlaufen, weil sie meinen, moderne Kleidung sei unheilig. Es steht uns natürlich nicht zu, ihre Herzenshaltung zu beurteilen; aber wir können sicher sein, dass man wohl altmodische Kleidung tragen und alle möglichen strengen Verhaltensregeln einhalten mag und doch im Herzen nur wenig Ehrfurcht oder gar keine Liebe zum Heiland haben kann. Selbst Prediger und Theologen sind davor nicht gefeit. Es ist möglich, die Heilige Schrift nur aus Berufsgründen oder hobbymäßig zu studieren. Man kann auch die Bibel einzig deshalb predigen, weil man das Gefühl der Macht so liebt, das man bei einer großen Schar von Zuhörern bekommt. Und doch ist bei all dem das Herz weit vom Herrn entfernt, und die persönliche Liebe zu ihm fehlt. Und es ist auch möglich, dass ein Prediger – möge Judas uns warnen – um seiner Position, Karriere oder des Gewinns willen Christus gegenüber moralisch, geistlich oder theologisch untreu wird.

Wenn wir wirklich in der Heiligkeit vorankommen wollen, müssen wir uns dem Herrn immer mehr zuwenden, ihn inniger lieben und ihm immer loyaler dienen. Aber auch wenn das so ist, werden die hingegebensten Gläubigen die ersten sein, die bekennen, dass ihre Liebe zu Christus nicht so innig und beständig ist, wie sie sein sollte. Die Herausforderungen des Lebens, seine Freuden, Sorgen und Kämpfe erschöpfen die Energien des Herzens, lenken unsere Treue ab und lassen unsere Liebe zu Christus erkalten ... Was könnte sie wieder beleben und die Hingabe erneuern? Und wie wird Christus, der die Wankelmütigkeit unserer Herzen kennt und deren Untreue sieht, darauf reagieren? Wird er uns deshalb verurteilen und verwerfen?

Genau diese Frage treibt uns in den Obersaal zurück, um zu sehen, wie Christus auf Judas reagiert und um zu beobachten, wie er den Verräter identifiziert und auf welche Weise er dessen Verrat aufdeckt.

Die Aufdeckung des menschlichen Verrats

Als der Herr Jesus ankündigte: „Einer von euch wird mich überliefern", muss Judas endgültig klar geworden sein, dass Jesus wusste, was er vorhatte. Aber noch wusste keiner der anderen im Obersaal, wer der Verräter war, und darum starrten sie einander verlegen an, weil sie nicht wussten, von wem Jesus sprach. Einer von ihnen, der Apostel, den Jesus besonders lieb hatte, saß nah bei Jesus. Darum deutete Petrus diesem Jünger an, dass er Jesus fragen sollte, von wem er hier sprach. Der Jünger, mit dem Rücken an Jesus gelehnt, fragte ihn direkt: „Herr, wer ist es?" Jetzt kam der dramatische Augenblick, an dem Jesus den Verräter entlarven musste. Wie würde er das tun? Er hätte es tun können, indem er ohne Worte mit dem Finger auf ihn zeigte, während Judas sich auf seinem Kissen wand. Aber so wollte er es nicht machen. Er konnte es tun, indem er ihn im Zuge einer vernichtenden Anklage wegen seines Verrats beim Namen nennt. Das wäre furchtbar gewesen.

Vielleicht können wir uns an andere Gelegenheiten erinnern, in denen unser Herr gezwungen war, die Sünde böser Menschen aufzudecken. Wie erschreckend war z. B. sein Anblick und die geschwungene Peitsche, als er die Geldwechsler aus dem Tempel trieb (Joh 2,14-17). Wie vernichtend muss die Anklage gegen einige Gesetzeslehrer und Pharisäer gewirkt haben: „Schlangen! Otternbrut! Wie solltet ihr dem Gericht der Hölle entfliehen?" (Mt 23,33). Aber die Sünden, die unser Herr bei solchen Gelegenheiten öffentlich scharf zur Schau stellte, bezogen sich auf die Entweihung des Tempels, die Falschdarstellung des Charakters Gottes, die Verfolgung von Gottes Propheten oder die Unterdrückung der Armen unter dem Deckmantel der Religion. Christus würde nicht tatenlos zusehen, wie heuchlerische Menschen mit ihren religiösen Verdrehungen anderen Menschen Schaden zugefügten. Aber jetzt, hier im Obersaal, ging es nicht um die Schädigung anderer Menschen.

Judas' Sünde verletzte Christus persönlich, als schösse jemand einen vergifteten Pfeil direkt in sein Herz. Wie nun, und mit welchen Worten und welchem Tonfall und durch welche Handlung würde er den Verrat dieser Schlange gegen seine eigene Person aufdecken? In seiner Antwort auf Johannes' Frage nach dem Verräter sagte er: „Der ist es, für den ich den Bissen eintauchen und ihm geben werde. Und als er den Bissen eingetaucht hatte, nimmt er ihn und gibt ihn dem Judas, Simons Sohn, dem Iskariot."

Diese eindrucksvolle Handlung war mehr als eine höfliche Weise anzuzeigen, wer der Verräter ist. Wie wir uns erinnern, hatte Judas mindestens drei Jahre lang gemeinsam mit Jesus Tischgemeinschaft gehabt, indem er vorgab, sein Freund zu sein. Jetzt, wo er ihn verraten wollte, hatte er vor, Christus das „Brot seiner Freundschaft" ins Gesicht zu schleudern. Wie würde Christus darauf reagieren? Indem er ihm dasselbe Brot der Freundschaft erneut anbot! Da war keine wütende Entrüstung noch bittere Rache, sondern nur das Angebot jenes Stückchen Brotes, das mit wortloser Beredsamkeit sagt: „Judas, du hast das Brot meiner Freundschaft angenommen, obwohl du mich nun verrätst und dabei bist, mich zu überliefern. Ich weiß alles über dich. Aber trotzdem und bevor du es tust, Judas, biete ich dir noch einmal das Brot meiner Freundschaft an. Willst du es nicht annehmen?"

Diese Geste war weder zynisch noch sarkastisch, noch war sie der Versuch, durch Schmeichelei Judas' Gunst zu gewinnen. Vielmehr war es der allerletzte Versuch, ihn vor der selbstgewählten Hölle zu bewahren. Von alters her war es im Vorderen Orient ein ungeschriebenes Gesetz, dass, wenn der Gastgeber ein schmackhaftes Stück der Tafel in Soße eintauchte und einem Gast persönlich überreichte, dies nicht nur eine Ehrung des Gastes war. Damit versicherte er ihm auch seine loyale Freundschaft. Und wir dürfen gewiss sein, dass selbst in diesem finsteren und dramatischen Augenblick auf Judas' Weg zur Hölle das Angebot unseres Herrn an ihn eine ernstgemeinte Geste war, Judas in letzter Minute erneut seine Freundschaft und Liebe förmlich aufzudrängen und damit die Gnade der Vergebung und schließlich die Herrlichkeit, die sie beinhalten.

Wie reagierte Judas?

Uns wird nicht gesagt, wie Judas das in diesem Augenblick empfunden hat. Armer Judas! Warum schrie er nicht in der Erbärmlichkeit seines Herzens: „Herr, ich wusste nicht, dass du alles weißt; aber jetzt sehe ich, dass du mich völlig durchschaut hast. Ich bin von dieser niederträchtigen, gemeinen Gier nach Geld und Macht völlig zerfressen, die mich angetrieben hat, dich zu verraten und zu verkaufen. Aber wenn du das alles weißt und mir trotzdem das Brot der Freundschaft anbietest, dann brauche ich diese mehr als alles andere. Der Teufel scheint mich fest im Griff zu haben und zieht mich hinab in die Hölle. Rette mich vor mir selbst! Rette mich vor meiner abscheulichen Verdorbenheit!“ Wir können sicher sein, wenn Judas das hinausgeschrien hätte und er die Aufrichtigkeit der Geste mit dem Brot erkannt hätte, dass Christus ihn errettet hätte und für ewig sein Freund geblieben wäre.

So nahm Judas das Brot an, und wieder war es eine heuchlerische Handlung. Er nahm es und führte ohne jede Reue seinen Plan weiter aus, den Geber des Brotes zu verraten.

Er hatte seine Entscheidung getroffen, endgültig. Und so fährt Johannes fort: „Und nach dem Bissen fuhr dann der Satan in ihn … Als nun jener den Bissen genommen hatte, ging er sogleich hinaus“ (Joh 13,27.30).

Wie würde Christus auf diese erneute und endgültige Ablehnung seiner Freundschaft und seines Heils reagieren? Es folgt kein heftiger Donnerschlag der Verurteilung. Alles, was Christus sagte, während Judas durch die Tür nach draußen ging, war dies: „Was du tust, tu schnell!“ Damals hatte noch keiner am Tisch begriffen, was das bedeutete. Wie Johannes uns sagt, meinten einige, dass Judas für das Fest einkaufen sollte, weil er die Kasse verwaltete, oder er sollte etwas den Armen geben. Stellen wir uns einmal vor, in welcher barmherzigen Weise und Tonlage Jesus normalerweise den Jüngern gesagt hätte, sie sollten den Armen etwas geben. In genau solch einem Tonfall sprach unser Herr das letzte Wort mit Judas.

Genauso ergreifend ist die Aufzeichnung von Johannes über die falsche Interpretation der Worte Christi an Judas durch die Jünger. Das erinnert uns an das Ereignis, von dem Johannes einige Verse zuvor berichtet (12,1-8). Wir erinnern uns, wie Maria, die Schwester des Lazarus, ihre Dankbarkeit, Liebe und Ergebenheit gegenüber dem Herrn Jesus dadurch ausdrückte, dass sie seine Füße mit einer ganzen Flasche voll kostbarem Öl salbte, das mindestens einen Jahreslohn wert war. Judas kam eine solche extreme Hingabe an Christus absurd und überspannt vor, und seine Kritik war deutlich: „Warum ist dieses Salböl nicht für dreihundert Denare verkauft und den Armen gegeben worden?“ Johannes fügt hinzu, dass Judas sich in Wirklichkeit gar nicht um die Armen kümmerte. Er war ein Dieb; und weil er die allgemeine Kasse verwaltete, dachte er, er könnte etwas von dem Verkaufserlös für sich abzweigen. Aber mal ganz abgesehen davon. Was ihn tatsächlich ärgerte, war, dass es hier einen Menschen gab, der Jesus einer so außergewöhnlichen Verehrung für würdig hielt und ihn dermaßen liebte, dass er so viel für ihn ausgab. Judas selbst hatte Jesus gedient, solange er ihm passte. Es ging ihm um seinen Gewinn, um die Stellung und Macht, die er so gewann. Aber Jesus persönlich lieb haben? Warum sollte man Jesus auf solche Weise lieben? Er jedenfalls konnte es nicht; und er konnte auch nicht verstehen, warum andere es tun sollten.

Und von nun an sollte er es auch nicht mehr verstehen. Hätte er nicht nur den Bissen angenommen, sondern auch das, wofür dieser stand, so wäre auch er mit stetig wachsendem Staunen dahintergekommen, wie bedeutend die Freundschaft Christi für die ist, die sie angenommen haben. Aber nun hatte er den Bissen angenommen und zugleich sein Herz gegen die Liebe Christi verbarrikadiert. Er ging sofort hinaus. Johannes fährt fort: „Als nun jener den Bissen genommen hatte, ging er sogleich hinaus. Es war aber Nacht“ (13,30). Es war natürlich Nacht im buchstäblichen Sinn. Aber dieser Satz weist über den bloßen Zeitrahmen hinaus. In diesem Augenblick fuhr der Satan in ihn. Der Satan, den Judas vorher mit seinen Einflüsterungen als seinen Verbündeten so willkommen geheißen hatte, als er um seine Unabhängigkeit von Jesus kämpfte (13,2). Nun ging er nicht mehr fort und überließ ihn seiner erhofften „Freiheit". Er fuhr in ihn hinein, überwältigte ihn und machte ihn völlig von sich abhängig (13,27). In diesem Zustand ging Judas hinaus in die Nacht absoluter moralischer und geistlicher Finsternis. Eine Nacht, die kein Morgenrot kennt. Judas ist hier aber nur ein extremes Beispiel für das, wovor uns die so Bibel warnt: dass es allen so gehen wird, die Gott und seinen Sohn endgültig ablehnen.

„Das ist ja furchtbar", sagt vielleicht jemand. „Willst du tatsächlich sagen, Gott würde Menschen in die Hölle gehen lassen oder sie sogar dorthin schicken, nur weil sie sich weigern, an Jesus Christus zu glauben und ihn anzunehmen? Wie könnte man an einen solchen Gott glauben und ihn respektieren? Soll er nicht ein Gott der Liebe sein?" Aber genau dieser Einwand führt uns zu dem, was Jesus sagte, gleich nachdem Judas gegangen war.

Die Offenbarung der göttlichen Herrlichkeit

Wir wollen es gleich vorwegnehmen: Weder dass Jesus Judas zum Apostel auserwählte noch seine Ankündigung, er werde ihn verraten, brachten Judas dazu, ihn zu verraten. Angenommen, man sähe von einem Hubschrauber aus, wie zwei Autos in einer unübersichtlichen Kurve aufeinander zurasen. Dann könnte man voraussagen, dass es zu einem Unfall kommen wird. Aber die Vorhersage, so richtig sie ist, wäre nicht die Ursache des Unfalls. Schuld an dem Unfall wären die Fahrer. Und genauso war es mit Judas. Jesus wusste es im Voraus und er sagte es vorher, dass er ihn verraten würde; aber das brachte Judas nicht dazu, ihn zu verraten, oder könnte ihn dafür entschuldigen. Judas tat, was er tat, aus seinem eigenen freien Willen, aus der Sündhaftigkeit seines eigenen Herzens heraus.

Auch Satan hatte dabei nicht die geringste Absicht, alttestamentliche Weissagungen zu erfüllen, dass der Messias sterben musste, als er dem Geist des Judas die Idee eingab, Jesus zu verraten. Auch er handelte aus der Hinterlist seines eigenen Herzens. Nach seiner gefallenen teuflischen Denkweise mussten der Verrat Jesu und sein Tod am Kreuz zur katastrophalen Niederlage Jesu führen. Der Tod durch Kreuzigung war die verabscheuungswürdigste Todesart der antiken Welt. Die damit verbundene Demütigung würde die Sache Jesu in einen Ozean der Schande versinken lassen. Und so hielt er es für einen strategischen Geniestreich, einen der von Jesus erwählten Apostel zum Verrat anzustiften, um Jesus öffentlich zu erniedrigen.

Doch wie sehr irrte sich Satan! Der Sohn Gottes war in diese Welt gekommen, um am Kreuz zu sterben. Im Vorauswissen, dass Judas ihn diesem Tod ausliefern würde, hatte er ihn absichtlich zum Apostel auserwählt. Und als Judas schließlich den Obersaal verließ, um seine niederträchtige Tat auszuführen, befahl Christus ihm: „Was du tust, tu schnell!“ (13,27). So hat die Schande des Kreuzes die Ehre Christi nicht beschädigt, im Gegenteil: sein Kreuzesleiden wurde zur größten Demonstration der Herrlichkeit Gottes und des Sohnes Gottes, die die Welt jemals gesehen hat und die das Universum jemals sehen wird.

Darum erklärte Jesus, als Judas hinausgegangen war und die Kreuzigung unmittelbar bevorstand: „Jetzt ist der Sohn des Menschen verherrlicht, und Gott ist verherrlicht in ihm“ (13,31).

Noch bevor Satan ein Menschenherz mit verleumderischen Falschdarstellungen von Gottes Charakter verseucht hatte, hatte Gott auf diesen Augenblick planend hingewirkt. Zur rechten Zeit betrat Gottes eigener Sohn unseren Rebellenplaneten. Dann kam der Höhepunkt, als der Mensch gewordene Schöpfer im Obersaal jener Kreatur gegenübertrat, die gerade dabei war, ihn ans Kreuz zu liefern. Jetzt sollte die Welt sehen, wie Gott wirklich ist! Jetzt würde Christi Reaktion auf diesen Verräter genau zeigen, was in Gottes Herzen ist. Ganz freiwillig und in voller Kenntnis dessen, was Judas vorhatte, bot er diesem das Brot seiner Freundschaft an.

So großartig diese Geste war, sie bildete nur das Präludium zu der noch majestätischeren Offenbarung der göttlichen Herrlichkeit auf Golgatha. Denn genauso wie der an Judas überreichte Bissen den Verräter und seinen schlimmen Verrat aufdeckte, so hat Gott durch die Dahingabe seines Sohnes in die Hände der Menschen den Hass unseres rebellischen Geschlechts Gott gegenüber bloßgestellt. „Dies ist der Erbe", sagten sie, „lasst uns ihn töten, dass das Erbe unser werde" (Lk 20,14). Aber sogar als sie seine Hände und Füße ans Kreuz nagelten, bot Gott der Welt Christus als Brot seiner Freundschaft an – als Zeichen seiner Vergebung und ewigen Liebe für alle, die Buße tun und ihn in Aufrichtigkeit und Wahrheit annehmen. So heißt es in 2. Korinther 5,19, dass Gott in Christus war und die Welt mit sich selbst versöhnt und ihnen ihre Übertretungen nicht zugerechnet hat. Und in Römer 5,8.10 heißt es: „Gott aber erweist seine Liebe gegen uns darin, dass Christus, als wir noch Sünder waren, für uns gestorben ist. … Denn wenn wir, als wir Feinde waren, mit Gott versöhnt wurden durch den Tod seines Sohnes, so werden wir viel mehr, da wir versöhnt sind, durch sein Leben gerettet werden."

Und bis in unser Jahrhundert geht Gottes Ruf und erreicht auch uns:

> „So sind wir nun Gesandte an Christi statt, indem Gott gleichsam durch uns ermahnt; wir bitten für Christus: Lasst euch versöhnen mit Gott! Den, der Sünde nicht kannte, hat er für uns zur Sünde gemacht, damit wir Gottes Gerechtigkeit wurden in ihm." (2Kor 5,20-21)

Wenn nach solcher Liebe die Menschen alle natürlichen Gaben des Schöpfers annehmen, aber das Brot seiner Freundschaft verwerfen, so werden sie, wie Judas, in eine Nacht ewiger Finsternis hinausgehen, in die das Licht der göttlichen Freundschaft niemals hineinleuchtet und das Erkennen seiner Heiligkeit wie ein unauslöschliches Feuer brennt. Aber sie werden sich das nur selbst zuzuschreiben haben.

So sagte Jesus also, als Judas hinausgegangen war: „Jetzt ist der Sohn des Menschen verherrlicht, und Gott ist verherrlicht in ihm"; aber er fügte hinzu: „Wenn Gott verherrlicht ist in ihm, so wird auch Gott ihn verherrlichen in sich selbst, und er wird ihn sogleich verherrlichen" (Joh 13,32).

Damit sagte Jesus voraus, dass auf seinen Tod am Kreuz seine Auferstehung folgen würde und seine Erhöhung durch Gott als allerhöchste Macht des Universums, eingesetzt als Richter und Herrscher über alles. Eines Tages wird Gott von jedem Knie im Himmel, auf der Erde und in der Hölle verlangen, sich zu beugen, und alle Zungen werden bekennen, dass Jesus Christus Herr ist. Er ist würdig, über alle Reichtümer des Universums zu herrschen und diese zu verwalten und die Unterordnung und Anbetung aller denkenden Wesen zu empfangen. Und wenn Gott das so geschehen lässt, dann wird allgemein anerkannt sein, dass Gott kein Tyrann ist. Sein moralisches Recht auf universelle Unterordnung und Anbetung liegt nicht nur im Namen seiner Allmacht begründet, sondern im Namen Jesu, der sich selbst so erniedrigte, dass er seinen Geschöpfen die Füße wusch, der das Brot seiner Freundschaft sogar einem Judas anbot, und der für die gesamte Menschheit am Kreuz starb.

Das wird im Neuen Testament so zusammengefasst:

> „Habt diese Gesinnung in euch, die auch in Christus Jesus war, der in Gestalt Gottes war und es nicht für einen Raub hielt, Gott gleich zu sein. Aber er entäußerte sich und nahm Knechtsgestalt an, indem er den Menschen gleich geworden ist, und der Gestalt nach wie ein Mensch befunden, erniedrigte er sich selbst und wurde gehorsam bis zum Tod, ja, zum Tod am Kreuz. Darum hat Gott ihn auch hoch erhoben und ihm den Namen verliehen, der über jeden Namen ist, damit in dem Namen Jesu jedes Knie sich beugt, der Himmlischen und Irdischen und Unterirdischen, und jede Zunge bekennt, dass Jesus Christus Herr ist, zur Ehre Gottes, des Vaters." (Phil 2,5-11)

DIE NEUNTE GESCHICHTE

Vom SCHEITERN *zum* FRUCHT-BAREN DIENST

Petrus' Qualifizierung
zum Hirten des Gottesvolkes

Simon Petrus spricht zu ihm: Herr, wohin gehst du? Jesus antwortete ihm: Wohin ich gehe, dorthin kannst du mir jetzt nicht folgen; du wirst mir aber später folgen.

Petrus spricht zu ihm: Herr, warum kann ich dir jetzt nicht folgen? Mein Leben will ich für dich lassen.

Jesus antwortet: Dein Leben willst du für mich lassen? Wahrlich, wahrlich, ich sage dir, der Hahn wird nicht krähen, bis du mich dreimal verleugnet hast.

Johannes 13,36-38

Simon Petrus aber folgte Jesus und ein anderer Jünger. Dieser Jünger aber war dem Hohen Priester bekannt und ging mit Jesus hinein in den Hof des Hohen Priesters. Petrus aber stand an der Tür draußen. Da ging der andere Jünger, der dem Hohen Priester bekannt war, hinaus und sprach mit der Türhüterin und führte Petrus hinein.

Da spricht die Magd, die Türhüterin, zu Petrus: Bist nicht auch du einer von den Jüngern dieses Menschen? Er sagt: Ich bin es nicht.

Es standen aber die Knechte und die Diener da, die ein Kohlenfeuer gemacht hatten, weil es kalt war, und wärmten sich … Simon Petrus aber stand da und wärmte sich.

Da sprachen sie zu ihm: Bist nicht auch du einer von seinen Jüngern? Er leugnete und sprach: Ich bin es nicht.

Es spricht einer von den Knechten des Hohen Priesters, der ein Verwandter dessen war, dem Petrus das Ohr abgehauen hatte: Sah ich dich nicht in dem Garten bei ihm?

Da leugnete Petrus wieder; und gleich darauf krähte der Hahn.

Johannes 18,15-18.25-27

Als sie nun gefrühstückt hatten, spricht Jesus zu Simon Petrus: Simon, Sohn des Johannes, liebst du mich mehr als diese? Er spricht zu ihm: Ja, Herr, du weißt, dass ich dich lieb habe. Spricht er zu ihm: Weide meine Lämmer!

Wieder spricht er zum zweiten Mal zu ihm: Simon, Sohn des Johannes, liebst du mich? Er spricht zu ihm: Ja, Herr, du weißt, dass ich dich lieb habe. Spricht er zu ihm: Hüte meine Schafe!

Er spricht zum dritten Mal zu ihm: Simon, Sohn des Johannes, hast du mich lieb? Petrus wurde traurig, dass er zum dritten Mal zu ihm sagte: Hast du mich lieb?, und sprach zu ihm: Herr, du weißt alles; du erkennst, dass ich dich lieb habe. Jesus spricht zu ihm: Weide meine Schafe!

Wahrlich, wahrlich, ich sage dir: Als du jünger warst, gürtetest du dich selbst und gingst, wohin du wolltest; wenn du aber alt geworden bist, wirst du deine Hände ausstrecken, und ein anderer wird dich gürten und hinbringen, wohin du nicht willst. Dies aber sagte er, um anzudeuten, mit welchem Tod er Gott verherrlichen sollte. Und als er dies gesagt hatte, spricht er zu ihm: Folge mir nach!

Petrus wandte sich um und sieht den Jünger nachfolgen, den Jesus liebte, der sich auch bei dem Abendessen an seine Brust gelehnt und gesagt hatte: Herr, wer ist es, der dich überliefert? Als nun Petrus diesen sah, spricht er zu Jesus: Herr, was soll aber dieser?

Jesus spricht zu ihm: Wenn ich will, dass er bleibt, bis ich komme, was geht es dich an? Folge du mir nach!

Johannes 21,15-22

Eine Lehrstunde in Selbstüberschätzung

Die letzte Reise, die wir betrachten wollen, erinnert uns daran, dass eine Glaubensreise mit Jesus ein Leben lang andauert. Der Heiland errettet die Menschen nicht, um sie danach sich selbst zu überlassen, sodass sie dann ihr Leben allein führen müssen, so gut sie es eben können. Er führt sein Werk in allen fort, die er erlöst hat, bis zu dem Tag, an dem er sie zu sich holt, an den Ort, den er jetzt für sie vorbereitet (Joh 14,2-3). Und jeder, der dem Herrn Jesus nachfolgt, wird auf diesem Weg noch viele Lektionen lernen müssen.

Mit einer der vielen Lektionen, die wir aus dem Leben des Apostels Petrus lernen können, stimmen wir der Theorie nach schnell überein. Es ist aber sehr viel schwieriger, damit umzugehen, wenn wir ganz praktisch erleben, wie wahr sie ist. Die Lektion ist folgende: Wie dankbar wir auch immer dem Herrn für das sein mögen, was er für uns getan hat, und wie hingegeben wir ihn lieben und ihm gehorchen und folgen mögen, so reichen doch unsere Liebe und Hingabe allein nicht aus, um ihm beständig so nachzufolgen, wie wir es tun müssten. In Wirklichkeit haben wir aber alle verborgene Schwächen. Und hinge es allein von uns ab, würden wir sehr schnell scheitern.

Natürlich werden alle Gläubigen ohne Zögern zustimmen, dass wir noch unvollkommen sind und von Zeit zu Zeit sündigen. Aber fast unbewusst gehen viele davon aus, dass wir unsere Sünden überwinden oder bezwingen können, um den gewünschten Grad an Heiligung zu erreichen – die nötige Entschlossenheit, Sorgfalt und Mühe vorausgesetzt. Aber das ist einfach nicht wahr. Die Sünde hat uns viel mehr Kraft gekostet und unsere moralischen Muskeln mehr geschädigt, als wir annehmen; und es kann eine bittere Erfahrung sein, wenn wir nach wiederholtem Versagen mit dieser unerfreulichen und verstörenden Tatsache konfrontiert werden.

Der große Apostel Paulus bekennt öffentlich seine völlige Verdorbenheit, die ihm bewusst wurde, als er entdeckte, dass er dem Gesetz Gottes „mit dem Sinn" dient; verstandesmäßig war ihm klar, dass Gott zu dienen die einzig vernünftige Lebensführung war. „Ich habe nach dem inneren Menschen Wohlgefallen am Gesetz Gottes", sagt er, denn so zu leben, dass er Gott gefiel, war für ihn keine kalte, rein intellektuelle Tätigkeit. Er hatte Freude daran, es bewegte ihn emotional. „Das Wollen ist bei mir vorhanden", sagt er – sein Entschluss, ein heiliges Leben zu führen, wurde von einem starken Willen angetrieben. Aber alles war vergeblich! Allzu oft entpuppte sich die Praxis als das Gegenteil seiner Absichten. Und so klagt er: „Denn das Gute, das ich will, übe ich nicht aus, sondern das Böse, das ich nicht will, das tue ich" (Röm 7,15-25). Verstand, Gefühl und Wille sind hoffnungslos überfordert mit der Aufgabe, ein heiliges, Christus-ähnliches Leben zu führen. Das war für Paulus eine bittere Erfahrung.

Gott hatte das allerdings von Anfang an gewusst; und als Paulus seinen Bankrott erkannte, wies Gott ihn auf die Vorkehrung hin, die er selbst getroffen hatte, sodass sogar ein bankrotter Paulus in die Lage versetzt wurde, dem Herrn Jesus in rechter Weise nachzufolgen, ihn zu lieben und ihm gehorsam zu sein (siehe Röm 8). Und uns wird es auch so ergehen, wenn unser Herr Petrus als Lehrgegenstand benutzt, um nun auch uns unsere Unfähigkeit vor Augen zu führen. Aber wenn wir bereit sind, Christus ernst zu nehmen und ihm zu glauben, was er über uns sagt, dann werden auch wir in der Lage sein, etwas über seine Vorkehrungen für uns zu lernen und diese in Anspruch zu nehmen.

Dadurch erhalten auch wir die reelle Chance, tatsächlich heiliger zu werden.

Petrus, unser Lehrbeispiel

Als der Herr sagte, dass er fortgeht und dass seine Jünger ihm dorthin nicht folgen können, dachte Petrus darüber für ein paar Sekunden nach und kam zu der Ansicht, dass unser Herr unnötig übertreibe. „Herr", sagte Petrus, „wo genau gehst du denn hin?" Und unser Herr antwortete ihm: „Wohin ich gehe, dorthin kannst du mir jetzt nicht folgen; du wirst mir aber später folgen" (Joh 13,36).

Das jedoch genügte Petrus nicht; denn er hatte wohl den Eindruck, dass die Aussagen des Herrn auf einen Mangel an Mut bei Petrus hinwiesen. „Herr", sagte er, „warum kann ich dir jetzt nicht folgen? Mein Leben will ich für dich lassen", und er meinte jedes Wort ganz ehrlich. In den letzten Jahren war eine tiefe und leidenschaftliche Verehrung für den Herrn in seinem Herzen gewachsen, und er dachte wirklich, dass er völlig bereit wäre, sein Leben für ihn hinzugeben, wenn es nötig wäre. Er war selbstverständlich kein Judas, und vielleicht war in seinem Denken eine tiefe Sicherheit genau dann gewachsen, als er die Unehrlichkeit und Betrügerei von Judas sah: So verächtlich würde er den Herrn niemals behandeln, vielmehr wollte er ihm folgen, wenn nötig ins Gefängnis und in den Tod. Soweit ihm das damals bewusst war, war seine Hingabe an Christus nicht in Frage zu stellen. Das Dilemma war jedoch, dass er sich selbst auch nicht annähernd gut genug kannte. In der Persönlichkeit von Petrus gab es eine verborgene Schwäche; und als nur wenige Stunden später durch die finsteren Machenschaften des Teufels Druck auf jene Schwachstelle ausgeübt wurde, brach die Hingabe von Petrus völlig zusammen, sodass er den Herrn mit Eid und Fluch verleugnete. Dies musste der Herr ihm nun sagen und ihm seine Schwäche vor Augen führen, so wie er vorher den Verrat Judas' aufgedeckt hatte.

Die tiefste Ursache für das Versagen des Petrus

Die Schwäche von Petrus dürfen wir selbstverständlich nicht mit dem Verrat von Judas verwechseln. Die Schwäche von Petrus war die Schwäche eines Menschen, der ganz gebadet war, der die Erneuerung durch den Heiligen Geist erlebt hatte und der rein war (13,10-11). Der Verrat des Judas war nicht nur der Verrat eines nicht wiedergeborenen Menschen, sondern eines Menschen, der vom Teufel beeinflusst und schließlich von ihm besessen war (13,2.10-11.18.27). Die Schwäche des Petrus sollte schließlich überwunden werden, während der Verrat des Judas niemals rückgängig gemacht werden konnte.

Andererseits würde die Schwäche des Petrus nicht automatisch überwunden werden. Die einzige Möglichkeit für uns als Gläubige, unsere Schwachheiten zu überwinden, liegt erstens darin, dass wir sie zunächst ehrlich wahrnehmen und zugeben, und zweitens, dass wir Buße darüber tun und die Gnade des Herrn und die Kraft des Heiligen Geistes suchen, um sie zu überwinden. Wäre Petrus sofort bereit gewesen, auf den Herrn Jesus zu hören und die Wahrheit des Gehörten anzuerkennen, so wären ihm enormer Kummer und Sorgen erspart geblieben. Und wenn wir den Starrsinn unserer eigenen Herzen nicht kennen, wundern wir uns vielleicht, warum Petrus dem Herrn Jesus nicht etwa so geantwortet hat: „Herr, das kann ich nicht glauben. So bin ich doch nicht. Habe ich wirklich solche Schwächen? Aber du kennst mich ja am besten – dann hilf mir jetzt bitte, dass ich sie überwinden kann und ich vor so etwas

Abscheulichem bewahrt bleibe." Wenn er so reagiert hätte, würde der Herr ihm vermutlich gezeigt haben, wie er den drohenden Fall in die Sünde hätte vermeiden können.

Aber nein, das konnte sich Petrus nicht von sich vorstellen, nicht einmal als der Herr es ihm sagte. Er meinte, genügend Mut und Entschiedenheit zu besitzen, um jedes Opfer zu bringen, das für seine Hingabe an den Herrn Jesus nötig war. Tatsache war aber, dass er *nicht* darüber verfügte. Daher musste er es auf die harte und bittere Tour lernen – dass der Herr ihn und seine Persönlichkeit besser kannte als er selbst. Die Schwäche, von der der Herr sprach, war wirklich bei ihm vorhanden und musste ans Licht kommen, bevor sie geheilt werden konnte. Somit gab es nur einen Weg, um Petrus seine Schwäche vor Augen zu führen, damit er sie überwinden konnte: dass der Herr Umstände zuließ, in denen er den Herrn verleugnete und so zu Fall kam. Und er ließ dies aus Liebe zu, dass Petrus in solche Umstände geriet, denn Johannes 13,1 erinnert uns daran: „Da er die Seinen, die in der Welt waren, geliebt hatte, liebte er sie bis ans Ende." Und in seiner Liebe ist er entschlossen, Petrus schließlich vollkommen heilig zu machen, was auch immer der Preis dafür sein mochte.

Die Gewissheit der Wiederherstellung des Petrus

Doch Christus war sich selbstverständlich sicher, dass Petrus am Ende wiederhergestellt und triumphieren würde. „Wohin ich gehe, dorthin kannst du mir jetzt nicht folgen", sagte er zu Petrus, „du wirst mir aber später folgen". Und das tat Petrus. Obwohl sein Mut versagte und er Christus verleugnete und verließ, um im Hof des Hohenpriesters und später am Kreuz möglichem

Leiden zu entgehen, wurde er später rehabilitiert. Danach folgte er Christus viele Jahre in großartiger Weise. Und schließlich ging er heim in die Herrlichkeit, nachdem er einen Tod erleiden musste, ähnlich wie sein Herr.

Und wir sollten folgende wichtige Tatsache nicht übersehen: Als der Zusammenbruch kam, so wie ihn Jesus vorhergesagt hatte, und Petrus versagte, seinem Herrn im Leiden zu folgen, muss es eine gewaltige Quelle der Ermutigung und neuer Hoffnung für ihn gewesen sein, sich an das zu erinnern, was der Herr vorher zu ihm gesagt hatte: „Wohin ich gehe, dorthin kannst du mir jetzt nicht folgen, *du wirst mir aber später folgen.*“ Bei all dem Auf und Ab im Leben des Petrus während des Restes seines Lebens wird er sich sicher oft an die Worte des Herrn erinnert haben, die er ihm ganz persönlich gesagt hatte, und deren volle Bedeutung er nun verstand. Noch war es ihm nicht beschieden, seinem in den Himmel gefahrenen Herrn zu folgen, in die Herrlichkeit der Gegenwart des Vaters im Himmel. Aber es bestand kein Zweifel daran, dass dies eines Tages geschehen würde. Christus hatte es zugesagt; und seine Verheißung wird eintreffen. Und was noch bedeutender ist: Der Eingang in die Herrlichkeit der Gegenwart des Vaters im Himmel und das direkte Schauen des geliebten Herrn würde augenblicklich die Heiligung des Petrus vervollständigen; und das endgültig, ohne jede Gefahr erneuten Scheiterns. Dies alles ließ unser Herr Petrus stillschweigend wissen, noch ehe er fiel. Die Gewissheit dieser Verheißung und die darin liegende Ermutigung befähigten ihn dazu, zu seinem Versagen zu stehen und umzukehren, um dem Herrn den ganzen Rest seines Lebens in Treue nachzufolgen. Und weil Christus niemand vorzieht, dürfen alle, die ihm vertrauen, die gleiche Verheißung für sich selbst in Anspruch nehmen.

Die Wiederherstellung des Petrus

Jetzt möchte ich zu den anderen Lektionen übergehen, die am Ende des Johannesevangeliums stehen. Das sind Lektionen, die dazu beitragen sollten, Petrus auf ein Leben des Dienstes und schließlich auf seinen eigenen Tod vorzubereiten. Der auferstandene Christus und seine Jünger hatten gerade ihr Frühstück am Strand beendet. Nun sollte Petrus wieder neu eingesetzt werden. Zunächst war er ein Menschenfischer gewesen (Mt 4,19), nun sollte er zu einem Hirten der Schafe ernannt werden.

Man achte darauf, wie der Herr versuchte, das Herz dieses Mannes zu erreichen. Indem er ihn bei seinem ursprünglichen Namen nannte, sagte er: „Simon, Sohn des Johannes, liebst du mich mehr als diese?"

„Ja, Herr, du weißt, dass ich dich lieb habe."

Spricht er zu ihm: „Weide meine Lämmer!"

Wieder spricht er zum zweiten Mal zu ihm: „Simon, Sohn des Johannes, liebst du mich?" Er spricht zu ihm: „Ja, Herr, du weißt, dass ich dich lieb habe." Spricht er zu ihm: „Hüte meine Schafe!"

Als er ihn das dritte Mal fragte, sagte Petrus: „Ja, Herr, du weißt alle Dinge, du erkennst, dass ich dich lieb habe. Kanntest du mich nicht vorher schon? Ich kannte mein eigenes Herz nicht; aber du, Herr, kanntest es. Du hast mir gesagt, dass ich dich verleugnen würde. Ich hielt das für unmöglich; aber du wusstest es schon. Du weißt alles. Du weißt auch, dass ich dich lieb habe."

Und das war kein Eigenlob; denn wo wäre Petrus ohne den Herrn hingeraten? Das war nicht der Stolz eines außergewöhnlich erfolgreichen und geistlichen Menschen; es war die demütige Anerkennung eines Schafes, das ohne Christi Hirtendienst für ewig zugrunde gegangen wäre.

„Ich liebe dich, Herr“, sagte er, „Ohne dich wäre ich verloren gegangen.“

„Petrus, dann bist du gerade der richtige Mann, um meine Schafe zu weiden. Ich brauche keine Leute, die sich für etwas Besseres halten; ich suche Menschen, die mich persönlich als guten Hirten erlebt haben und die darauf vorbereitet sind, dies ihren Brüdern und Schwestern zu vermitteln, wenn sie abgeirrt sind. Solche suche ich.“

Selbst in diesem innigen und erhabenen Augenblick war der Herr trotzdem Realist. Er lehrte Petrus, dass er sich nicht zum Herrscher über die Herde aufschwingen sollte. So sagte er ihm: „Weide meine Lämmer und hüte meine Schafe.“ Daher konnte Petrus in seinem ersten Brief schreiben:

> „Die Ältesten unter euch nun ermahne ich, der Mitälteste und Zeuge der Leiden des Christus und auch Teilhaber der Herrlichkeit, die offenbart werden soll: Hütet die Herde Gottes, die bei euch ist, nicht aus Zwang, sondern freiwillig, Gott gemäß, auch nicht aus schändlicher Gewinnsucht, sondern bereitwillig, nicht als die, die über ihren Bereich herrschen, sondern indem ihr Vorbilder der Herde werdet! Und wenn der Oberhirte offenbar geworden ist, so werdet ihr den unverwelklichen Siegeskranz der Herrlichkeit empfangen.“ (1Petr 5,1-4)

Dies ist etwas, was ein jeder persönlich für sich, in der Stille vor unserem Herrn, fragen sollte: „Herr, was ist mein eigentlicher Beweggrund in meinem Dienst für dich? Liebe ich es, mit der Rute und dem Stock zu hantieren und hohe Mauern aufzuziehen, um die Leute zu kontrollieren, oder habe ich den Wert zu schätzen gelernt, den du jedem einzelnen Schaf beimisst, weil du ja auch so viel für mich getan hast, der ich eines deiner schlimmsten Schafe war? Herr, du weißt, dass ich dich wirklich liebe; denn ohne dich wäre ich verloren gegangen, auch mein Zeugnis wäre ruiniert und hätte keine fünf Minuten Bestand gehabt. Und weil ich gelernt habe, wie wertvoll es ist, einen solchen Hirten zu haben, der so liebt wie du, und weil ich meinen Hirten liebe, möchte ich es als ein großes Vorrecht ansehen, dass ich nun meinerseits in gleicher Weise auf deine Schafe achten darf."

Die Grenzen eines Hirten

Dort an dem Strand fügte Christus noch hinzu: „Aber bevor wir zum Abschluss kommen, Petrus, musst du noch lernen, dass es für deine Arbeit gewisse Grenzen gibt. Das mag dir im Augenblick noch nicht bewusst sein; aber der Tag wird kommen, an dem du dein Werk niederlegen musst. Als du jung warst, hast du dich gewöhnlich selbst gekleidet und gingst, wohin auch immer du wolltest. Du sahst, wo irgendetwas zu tun war, und dann hast du es getan. War das nicht wunderbar, dazu imstande zu sein? Doch wenn du alt bist, wirst du diese Kraft verlieren. Andere werden dich kleiden und dich bringen, wohin du nicht willst."

Gut beenden

Christus war immer noch der gute Hirte, der für die ganze Reise Wegweiser aufstellte, sodass seine Schafe sich nicht zu fürchten brauchten und nicht das Gefühl bekamen, sich in den Schwierigkeiten des Altseins zu verirren. „Petrus", sagte er, „ich möchte, dass du weißt, dass ich einen Dienst für dich als junger Mann habe, und ich habe einen anderen Dienst, wenn du alt geworden bist und nicht mehr so kannst wie früher." Für Petrus ging es da um Verfolgung und Gefängnis. Sein Dienst würde ein plötzliches Ende finden, nichts, was er sich wünschen würde. „Aber, Petrus", sagte er, „ich möchte, dass du weißt, dass du mich auch damit verherrlichen wirst."

Das sollte ein Trost für alt gewordene Christen sein. Einst machte es Ihnen Freude, im Dienst für den Herrn aktiv zu sein: Sie kümmerten sich um die Schafe und machten Ihre Besuchsdienste und halfen auf zahllose Weisen. Wenn Sie eine Arbeit sahen, die gemacht werden musste, dann taten Sie sie. Jetzt sind Sie älter geworden und haben nicht mehr die Kraft wie früher. Sie können sich beim Bibellesen nicht mehr so konzentrieren wie früher und sich auch nicht mehr so oft auf den Weg machen und bei der Gemeinde sein, und das frustriert Sie. Und vielleicht fangen Sie an zu denken: „Wozu bin ich dem Herrn noch nützlich?"

Wozu kann Sie der Herr noch gebrauchen? Wenn Sie Ihr kleines bisschen Hirtendienst getan haben, bleiben Sie immer noch sein Schaf. Sie sind immer noch wertvoll, und Ihr Wert nimmt nicht ab. Er schätzt Sie nicht wegen der Arbeit, die Sie getan haben, sondern weil Sie sind, wer Sie sind. Sie bleiben sein Schaf bis zum Ende, auf dem ganzen Weg, bis in die Herrlichkeit.

Können Sie immer noch ein Hirte sein? Sie können Gott verherrlichen, indem Sie einigen von uns Jüngeren die Herrlichkeit eines Lebens zeigen, das nicht nur gut anfing, sondern auch gut endete. Wenn man seine Theorie gut gelernt hat, ist es leicht, darüber zu reden. Aber es ist etwas völlig anderes, fünfzig Jahre auf diesem Weg unterwegs gewesen zu sein, und dann siegreich heimzugehen und Gott zu verherrlichen. Das ist die größte Prüfung für alle Hirten –wie sie ihre Reise beenden.

Hirte sein – nicht kontrollieren

„Aber Petrus", sagte Christus, „ich möchte dich daran erinnern, dass es auch für deinen Hirtendienst Grenzen gibt."

Petrus wandte sich um und sah Johannes, der ihnen folgte, und sagte: „Herr, was soll aber dieser?"

Der Herr sagte darauf: „Was geht es dich an?"

Das war doch wohl eine scharfe Antwort, oder?

„Was Johannes tut, hat nichts mit dir zu tun, Petrus. Das habe ich zu verantworten. Wenn ich will, dass er bleibt, bis ich wiederkomme, was geht das dich an? Folge du mir nach!" (siehe Joh 21,22f.). Er wollte, dass Petrus die Schafe hütet, aber er wollte nicht, dass Petrus die anderen Diener kontrolliert, und die Kirche hätte gut daran getan, diese Lektion zu lernen. Das Menschenherz ist ein eigenartiges Ding. Manchmal würden wir lieber die Mitarbeiter kontrollieren, als auf die Schafe zu achten. Was für eine große Organisation hat die Kirche aufgebaut, um die Mitarbeiter zu kontrollieren!

Darum sagte der Herr: „Überlass diese Sache bitte mir, Petrus!"

Petrus tat, wie ihm geboten wurde. Nicht ein einziges Mal kann man in der Apostelgeschichte lesen, dass Petrus versucht hätte, einem anderen Diener zu sagen, was er zu tun hätte. Allerdings haben einige andere versucht, Petrus zu sagen, was er tun solle. Als er den Heiden das Evangelium gepredigt hatte, fielen sie über ihn her und forderten Rechenschaft darüber (Apg 11). Aber man wird nirgends finden, dass sich Petrus eingemischt hat, nicht einmal in solch wichtigen Momenten, als sich Paulus und Barnabas zerstritten hatten und sich nicht über die Vorgehensweise bei der Arbeit für den Herrn einigen konnten. Nirgends liest man, dass Petrus einschritt und etwa sagte: „Schau her, Barnabas, so wird das nichts." Er hatte nicht die Autorität, das zu tun, weil das die Sache des Herrn war und ist, und seine Diener müssen die Freiheit haben, einzig dem Herrn gegenüber verantwortlich zu sein.

Das ist wichtig, wenn man über die Grundsätze nachdenkt, die die Gemeinde leiten. Wir haben genug zu tun, ohne über unsere Aufgaben hinauszugehen. Hirten müssen wissen, was ihre Aufgaben sind und was nicht. Erinnern wir uns doch bitte der Leiden Christi! Wofür ist Christus gestorben? Damit er uns unsere Sünden vergeben konnte, ja, aber auch noch aus einem anderen Grund: Er starb, damit er „der Herr sei" (Röm 14,9; NeÜ), und nicht Sie oder ich. Die Kunst der Hirten besteht nicht darin, sich zwischen die Schafe und den Herrn zu stellen, vielmehr liegt sie darin, die Schafe zum Herrn zu bringen. Im täglichen Leben ist es sehr viel wichtiger, dass die Gläubigen ihre eigenen Entscheidungen in Verantwortung vor ihm treffen. Aller Wert liegt darin zu versuchen, dem Herrn zu gefallen, und wenn die Person, um die wir uns kümmern, aufrichtig versucht, dem Herrn zu gefallen, dürfen wir es dabei belassen. Der Herr wird sie führen. Wir sollten unsere Grenzen kennen, weil wir sonst mit den besten Absichten zwischen das Schaf und den Herrn geraten. Sonst tut das Schaf nachher vieles nur, weil wir es gesagt haben, anstatt aus persönlicher Entscheidung als freier Mensch vor dem Herrn. Besonders für Älteste erfordert es viel Weisheit und Gnade zu erkennen, wo die Grenze für sie verläuft.

Dies waren die Lektionen, die der Herr Petrus lehrte, nachdem er ihn wieder eingesetzt und erneut beauftragt hatte, *seine* Schafe zu weiden. „Weide *meine* Schafe (oder Lämmer)", hatte er jene drei Male zu Petrus gesagt. Und weil er in mehrjähriger Erfahrung durch den Großen Hirten belehrt worden war, sagte

Petrus: „Wie der Herr sich selbst mir zum Vorbild setzte, so möge Gott euch Gnade geben, dass auch ihr euch zum Beispiel für die Herde macht“ (siehe 1Ptr 5).

Petrus wurde durch den auferstandenen Herrn zu seiner Aufgabe berufen; aber es war seine eigene Erfahrung mit der liebenden Fürsorge und Zurechtbringung durch den Herrn nach seinem schrecklichen Fall, die ihn darauf vorbereitete, nun seinerseits und in seiner Zeit die Leute des Herrn zu weiden und zu hüten. Er hat nie vergessen, wie der Herr sein Hirte geworden war, und alle, die nun unter seiner Fürsorge standen, ernteten den Segen davon.

NACHWORT

Von der BEREIT-WILLIGKEIT *zum* GLAUBEN

Eine Einladung
an Unentschiedene

Wahrlich, wahrlich, ich sage euch: Wer mein Wort hört und glaubt dem, der mich gesandt hat, der hat ewiges Leben und kommt nicht ins Gericht, sondern er ist aus dem Tod in das Leben übergegangen.

Wahrlich, wahrlich, ich sage euch, dass die Stunde kommt und jetzt da ist, wo die Toten die Stimme des Sohnes Gottes hören werden, und die sie gehört haben, werden leben. Denn wie der Vater Leben in sich selbst hat, so hat er auch dem Sohn gegeben, Leben zu haben in sich selbst; und er hat ihm Vollmacht gegeben, Gericht zu halten, weil er des Menschen Sohn ist.

Johannes 5,24-27

Vom Lesen und Glauben

Vielleicht ist inzwischen schon klar geworden, was ich zu Beginn dieses Buches meinte, als ich sagte, dass das Johannesevangelium uns persönlich zum Glauben an Christus führen will. Das können wir aus den Geschichten entnehmen, die wir betrachtet haben. Wir haben natürlich nicht alle betrachtet. Es gibt noch sehr viel mehr davon, und ich möchte Ihnen Mut machen, nun das ganze Evangelium selbst durchzulesen und darauf zu achten, wie Gott durch sein lebendiges Wort zu Ihnen redet – besonders dann, wenn Sie dies noch nie getan haben.

Aber woher sollen wir wissen, dass das Johannesevangelium wirklich Gottes Wort ist? Nun, eines ist immerhin deutlich: Sie sollten nicht warten, bis Sie wissen, dass es Gottes Wort ist, bevor Sie es lesen; sonst ginge es Ihnen wie dem Mann, der sagte, er würde nie ins Wasser gehen, bevor er nicht schwimmen gelernt hat! Wenn man wissen möchte, ob es Gottes Wort ist, muss man es sorgfältig und geduldig lesen und Gott gestatten, sein lebenspendendes Werk an unseren Herzen zu tun.

Ebenso sollten wir uns daran erinnern, dass das Johannesevangelium mit der Autorität Jesu Christi zu uns spricht. Wenn das, was es sagt, wahr ist, dann ist es Gott, unser Schöpfer, der versucht, mit uns ins Gespräch zu kommen, der versucht, mit uns persönlich zu reden, der versucht, sich uns zu offenbaren, sodass wir durch Jesus Christus in eine Glaubens- und Liebesbeziehung zu ihm eintreten können. Sich nicht dafür zu interessieren, ob das stimmt oder nicht, sich nicht für die Möglichkeit zu interessieren, unseren Schöpfer reden zu hören, muss doch eigentlich auf eine eigenartige, irrationale Vorentscheidung unsererseits hinweisen.

Natürlich verlange ich nicht von Ihnen, dem Evangelium zu glauben, bevor Sie es überhaupt gelesen haben. Aber ich bitte Sie darum, es zu lesen, und sich dann klar darüber zu werden, ob es wahr ist oder nicht. So gehen Sie doch auch mit den Nachrichten um, nicht wahr? Sie wissen schon vorher, dass einiges aus der von Ihnen gewählten Nachrichtenquelle wahr sein wird, und anderes nicht. Sie entscheiden sicher nicht vor dem Lesen, alles zu glauben; aber das hält Sie nicht davon ab zu lesen. Man hat genug Vertrauen in sein eigenes Urteilsvermögen, und dann liest man, denkt darüber nach und bildet sich seine eigene Meinung darüber. Und nun bitte ich Sie, es mit dem Johannesevangelium genauso zu machen.

Und wenn wir das tun, dann garantiert uns Jesus Christus persönlich – vorausgesetzt, dass wir bereit sind, eine Bedingung zu erfüllen –, dass Gott uns persönlich zeigen wird, ob seine Behauptungen wahr sind oder nicht. Und diese Bedingung ist folgende: „Wer bereit ist, das zu tun, was Gott will, wird erkennen, ob meine Lehre von Gott ist oder ob ich sie mir selbst ausgedacht habe", sagt Jesus (Joh 7,17; NeÜ). Er wird es herausfinden, denn wenn er liest, studiert und darüber nachdenkt, was Jesus gelehrt hat, wird Gott zu seinem Herzen reden und ihm ohne den Schatten eines Zweifels zeigen, dass das, was Jesus gesagt hat, wahr ist.

Die Schwierigkeit liegt, wie ich vermute, in der Bedingung: „Wer bereit ist, das zu tun, was Gott will." Wir ahnen schon im Vorfeld, dass, wenn Gott uns die Wahrheit zeigen würde, dies tiefgreifende Auswirkungen auf unsere Lebensweise haben könnte, Veränderungen, die wir vielleicht nicht akzeptieren wollen. Deshalb würden wir es vorziehen, die ganze Sache unpersönlich anzugehen, so wie wir es bei einem physikalischen Versuch machen, bei dem wir uns im Voraus auch nicht auf irgendwelche praktischen Folgerungen festlegen. Aber so dürfen wir Gott nicht behandeln. Wir dürfen nicht zum Allmächtigen sagen: „Ja, ich hätte gern gewusst, ob es dich gibt oder nicht, und ob Jesus Christus dein Sohn ist oder nicht. Offenbare mir das bitte! Aber gleichzeitig möchte ich dich wissen lassen, dass auch dann, wenn du dich mir offenbart hast, ich nicht unbedingt bereit bin, irgendetwas von dem zu tun, was du mir auftragen wirst." Gott hat für spirituelle Dilettanten nichts übrig.

Wenn Sie aber ernsthaft bereit sind, Gottes Willen zu tun, sobald er Ihnen klar wird, dann machen Sie doch einfach den Versuch. Lesen Sie das Johannesevangelium ernsthaft mit offenem Herzen durch. Dann garantiert Ihnen Jesus Christus, dass Gott Ihnen zeigen wird, was die Wahrheit ist.

Die Geschichte vom Blindgeborenen

Einige werden vielleicht sagen: „Meine Schwierigkeit liegt darin, dass ich nicht einmal weiß, ob es Gott überhaupt gibt. Wenn ich auf Ihren Vorschlag eingehe, würde ich dann nicht Gefahr laufen, mir einzubilden, Gottes Stimme zu hören, obwohl alles nur Wunschdenken war? Wie könnte ich *Gott* erkennen, selbst wenn er wirklich zu mir spricht?"

Nun, ich möchte mit einer letzten Geschichte aus dem Johannesevangelium abschließen. Man kann sie im 9. Kapitel finden. Sie handelt von einem Wunder, das Jesus tat, als er einem Blindgeborenen begegnete und ihn fragte, ob er gerne sehen würde.

Ich weiß nicht, ob Sie jemals versucht haben, einem Blindgebornen zu erklären, was es bedeutet zu sehen oder was Farben sind, oder ihn auch nur davon zu überzeugen, dass es so etwas wie Licht oder Farben überhaupt gibt. Es wäre tatsächlich äußerst schwierig! Wir könnten daher gut verstehen, wenn der Blinde dem Herrn geantwortet hätte, er wüsste nicht, was sehen sein soll, und darum hielte er alle Behauptungen, es gebe so etwas wie Sehen, für Unsinn. So wenigstens reagieren heute viele Menschen, wenn sie hören, dass Jesus Christus ihnen geistliches Sehen und ewiges Leben geben könnte, was sie dazu befähigen würde, Gott persönlich zu erkennen (Joh 17,3).

Der blinde Mann sagte allerdings glücklicherweise nichts von alledem. So konnte Jesus diesem Menschen ein Experiment vorgeschlagen, das er selbst ausprobieren konnte, wenn er wollte. Außerdem garantierte er ihm, dass er dadurch sehend würde.

Nun schien das von Christus vorgeschlagene Experiment ziemlich eigenartig zu sein, wie man feststellen kann, wenn man die Geschichte liest. Aber der Blinde gehörte nicht zu denen, die sich absichtlich gegen die Entdeckung der Wahrheit sperren. Er kam zu dem Schluss, dass dieser Jesus weder ein Scharlatan noch ein Spinner war. Wenn er also sagt, dass es so etwas wie Sehen gibt, und dass er es jedem geben könne, der es haben will, dann war es einen Versuch wert. Es gab ja nichts zu verlieren. Man konnte nur dabei gewinnen. So machte er den Versuch, entdeckte aus eigener Erfahrung, dass er funktionierte und kam als Sehender von dem Experiment zurück.

Ich empfehle allen, einen ähnlichen Versuch zu machen: Lesen Sie das Johannesevangelium und sagen Sie beim Lesen: „Gott, ich bin nicht sicher, ob es dich gibt. Aber wenn es dich gibt und Jesus dein Sohn ist, und er mir – wie er behauptet – ewiges Leben geben kann – was immer das sein mag –, bitte, sprich dann zu mir, offenbare dich mir, zeige mir, dass Jesus dein Sohn ist! Und wenn du mir das zeigst, dann bin ich bereit, deinen Willen zu tun, was immer das auch sein mag."

Und Christus garantiert Ihnen, dass Gott es Ihnen zeigen wird.

Bibelstellen-Index

Altes Testament

1. Mose
3 68
12,7 100
29,7 88
33,20 100

3. Mose
14,6 94
21 145

4. Mose
21 70

2. Samuel
11 - 12 40

2. Könige
17,22-41 83

Psalmen
16,10 149
32,1-2 40

Esra
4,7-16 83

Hesekiel
36,25-26 60
37,9-10 59

Maleachi
3,1 48
3,3 48

Neues Testament

Matthäus
3,11 62
4,19 201
7,22-23 173
16,5-12 124
23,33 181
26,15 173
26,27-28 157

Markus
7,18-23 38

Lukas
9,51-56 85, 160
10,38-42 138
20,14 187
23,50-52 73

Johannes

1,43-51	14
2,1-11	117
2,13-3,21	46
2,14-17	181
2,23-25	50
3,1-12	66
3,2	53
3,3	54
3,4	55
3,5-7	36
3,8	57
3,12-13	68
3,14-15	154
3,16	74
3,16-21	73
3,17	75
3,18	75
3,19	77
3,20-21	77
4,1-30	82
4,4	87
4,10	91
4,11-12	92
4,13-14	95
4,21-24	101
4,23-24	109
4,45	126
4,46-54	138
4,50	123
4,52	123
4,53	129, 139
5,9-12	128
5,24-27	210
6,25	142
6,35	141
6,63	61
7,17	212
7,45-52	67
7,52	52
8,48	85
8	8
9	8
11	144
11,1-44	134
11,2	138
11,3	138
11,6	138
11,21	140
11,44	149
12,1-2	144
12,1-8	135
12,3	138
12,6	173
12,7	100, 146, 149
13	157
13-16	153
13-17	137
13,1	199
13,1-4	167

13,1-11 152
13,2 185, 189
13,12-15 154
13,7 155
13,10 155
13,10-11 198
13,18 173
13,21 175
13,21-30 170
13,27 183, 185, 186, 198
13,30 183, 184
13,31 186
13,32 188
13,36 197
13,36-38 192
14,2-3 195
17,3 110, 214
18,15-18 193
18,25-27 193
19,38-42 73
20,31 137
21,15-22 194
21,22 205

Apostelgeschichte
11 205
15 165
15,6-11 165

Römer
4,6-8 40
5,8 187
5,10 187
7,15-25 196
8 196
8,12 163
10,3 47
10,12-13 126
14,9 206

1. Korinther
2,10-16 97
2,11-14 104
2,14 55
15,3-4 146
15,22-23 142

2. Korinther
3,6 108
5,19 187
5,20-21 188
7,1 171

Epheser
1,17-2,6 49
2,4-10 47
2,8-9 92
5,25-27 159
5,26 61

Philipper
2,5-11 189
3,2-9 107

1. Thessalonicher
4,16-17 142

1. Timotheus
5,9-10 154
6,17 178

Titus
3 62
3,4-7 39
3,5 62

Hebräer
10,17 157

1. Petrus
1,22 166
1,23 166
2,1-2 166
5,1-4 202

1. Johannes
1,7 157
2,15-16 178
3,4 172
3,9 61
5,5 128

Offenbarung
19,6-9 144

David Gooding
Tiefer glauben
365 Andachten zum Weiterdenken
Gb., 528 S., 15,0 x 22,6 cm
Best.-Nr. 271323
ISBN 978-3-86353-323-6

Unser Leben besteht nicht nur aus Freude, sondern auch aus vielen Herausforderungen. Dabei bleiben manche Fragen offen. Wir staunen über die Schönheit der Natur und erleben gleichzeitig ihre zerstörerische Kraft, wenn wir krank werden. Wie kann unser Glaube an Gott angesichts dieser herausfordernden Realität tiefer werden und wachsen?

Gottes Wort will uns keine Scheinwelt vorgaukeln. Zum Realismus der Bibel gehört aber auch, dass Gott jetzt an uns am Werk ist. Er arbeitet daran, dass „wir zu mündigen Christen heranreifen und in die ganze Fülle hineinwachsen, die Christus in sich trägt" (Eph 4,13). Je mehr wir von seinem Plan verstehen und je tiefer wir seinen Charakter kennenlernen, desto mehr werden wir ihm in Gehorsam, Liebe und Vertrauen folgen wollen.

Diese 365 Andachten konzentrieren sich auf das Werk Christi als unserem Herrn, der uns erlöst hat und uns auf unserem Weg begleitet. Es sind Andachten zum Weiterdenken und Studieren, damit unser Glaube tiefer wird.

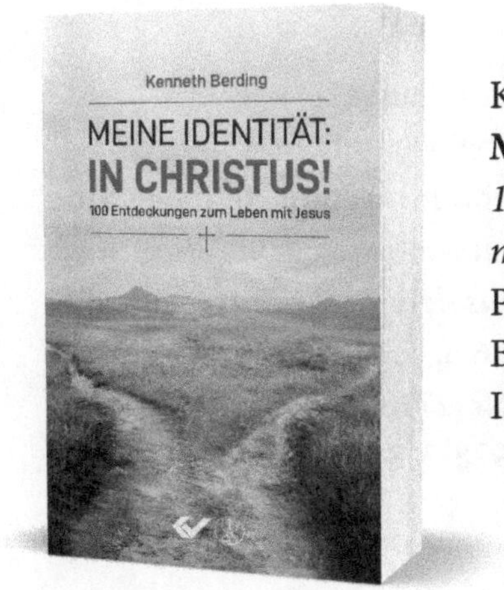

Kenneth Berding
Meine Identität: in Christus!
100 Entdeckungen zum Leben mit Jesus
Pb., 368 S., 13,5 x 20,5 cm
Best.-Nr. 271754
ISBN 978-3-86353-754-8

In den Briefen des Paulus begegnet uns immer wieder das Schlagwort „in Christus". Warum verwendet der Apostel Paulus diesen Ausdruck so häufig? Was ist so wichtig daran, in Christus zu sein? Ist es möglicherweise ein Schlüsselwort, das uns Zugang verschafft zu einem Leben, das völlig Christus geweiht ist? In den 100 Andachten dieses Buches entdeckt der Leser, warum unsere Identität in Christus so wichtig ist und wie man ein Leben „in Christus" führen kann.

Benjamin Lange
Die Bibel verstehen:
Der geheimnisvolle Held der Bibel
Sieben unerwartete Hinweise auf
Jesus aus dem Alten Testament
Gb., 176 S., 13,5 x 20,5 cm
Best.-Nr. 271828
ISBN 978-3-86353-828-6

Ein wahrer Held – danach sehnen sich nicht nur Kinder, sondern auch Erwachsene gelegentlich. Die Bibel spricht von so einem Helden. Doch im Gegensatz zu Märchen, Sagen oder Filmen ist dieser Held real und zeigt sich in unserer Welt und Geschichte.

In diesem Buch darf der Erwachsene die kindliche Hoffnung nach einem wahren Helden neu entdecken und etwas von der Faszination spüren, mit der die Bibel auf den größten Helden der Geschichte hinweist – Jesus Christus. Das Buch ist keine systematische Abhandlung, sondern eine Entdeckungsreise, die sieben geheimnisvollen Hinweisen nachgeht, die sich durch die Bibel ziehen. Zusammengefasst ergibt sich so ein faszinierender Eindruck von ihrer Stimmigkeit und Fokussierung auf Jesus Christus als wahren Helden.

Erwin W. Lutzer
Seine schwerste Stunde
Einblicke in das Herz Jesu am Kreuz
Pb., 160 S., 13,5 x 20,5 cm
Best.-Nr. 273975
ISBN 978-3-89436-975-0

Der Autor beleuchtet in seinem Buch das Sterben Jesu am Kreuz. Dabei fordert er heraus, das Kreuz nicht nur als Symbol unserer Erlösung zu verstehen, sondern es als einen Lebensstil anzunehmen. Wer dazu bereit ist, wächst geistlich und bringt Frucht für das Reich Gottes. Wenn wir verstehen, was das Kreuz für Jesus Christus bedeutet hat, werden wir auch seine Bedeutung für unser Leben als Christ erfassen.